毛糸で あそぼう

りんごの木 著

チャイルド本社

毛糸であそぼう

contents

chapter 2
毛糸で作ろう

chapter 3
羊毛であそぼう

中細　並太　極太　超極太　変わり毛糸

★毛糸あそびのための毛糸選び
毛糸は、色や太さによってさまざまな種類があります。あそびにとり入れるときは、子どもの年齢や用途に応じた毛糸を選びましょう。例えば、指編みや編み機編みをする場合は、太い毛糸を使えば早く編み上がります。いくつかの毛糸が混じり合ってできた、変わり毛糸もおすすめです。小さいボンボンを作るときには、細い毛糸をなん重にも巻いて作るときれいに仕上がります。毛糸は、100円ショップなどでも手軽に手に入れることができるので、いろいろな種類を用意しておくのがいいですね。

★対象年齢について
本書では、作品ごとに対象年齢を表示しています。
対象年齢はあくまで目安です。子どもたちの様子やクラスの状況に合わせて、あそびをとり入れてみてください。

毛糸あそびって楽しいよ

「あたしね、この本のことがなかったら
毛糸であそんだりしたことなかった」

「えっ、そうなの?」

「編み物が苦手だから、
毛糸もあんまり好きじゃなかった」

「そっか〜」

「初めのころは、切ったりはったりする
作り物以外、一切やらなかったもん」

「そうだっけ?」

「そうだよ。“編み物はあたし以外の人が
やるのね”って勝手に役割分担してた」

「でも、指編み上手にやってたじゃない」

「毛糸で作り物をしているうちに、
だんだん毛糸と仲よくなったのかも」

「ほーう」

「で、指編みやってみよっかな〜って」

「へー。わたしはね、逆にじょしこ※1の
作るものが新鮮で、見ていておもしろかったな」

「そ、そう?」

「うん。毛糸を切ったり、はったり、詰め込んだり。
ああ、こんな使いかたもあるんだなって。
なんていうか、毛糸が主役じゃなくって、
脇役っていうのもなかなかいいもんだなってね」

「それしかできなかったから」

「でも、それでいいと思うよ。だって、
作り物してるとき、楽しかったでしょう?」

「うん、指編みも楽しかった」

「毛糸が苦手だったわりには、
かなりはまってたよね」

「わかんないときに、すぐに聞けるちょーまさん※2が
近くにいたのもよかったと思う」

「子どもに聞いても教えてくれたりするよね」

「そうそう、教えてもらったりしているうちに、
普段あんまりいっしょにあそばなかった子と
仲よくなれたりもしたよ」

「うん、あるよね、そういうこと」

「ちょーまさんとも前より仲よくなれた」

「ふふ。この本や毛糸が、子どもや大人が身近に
仲よくなっていくきっかけになるといいな」

りんごの木
蝶間林裕美　永田好子

※1 じょしこ＝永田好子　※2 ちょーまさん＝蝶間林裕美

chapter 1

毛糸であそぼう

毛糸をチョキチョキ切ったり、ペタペタはったり、
くるくる巻いたり、ふさふさに束ねたり。
いろいろ広がる毛糸あそびの世界へようこそ!

スプーンさんと
フォークさん

使い終わったスプーンとフォークが……
毛糸でかわいく大変身!

★作りかたは14ページに掲載しています。

毛糸をチョキチョキ!

切ってあそぼう

長い毛糸をチョキチョキ!
切るだけでも楽しいけれど
短く切った毛糸で
いろいろあそべるよ!

3歳〜

もこもこケーキ

毛糸ってわかっててもおいしそう!

用意するもの

毛糸／プリンカップ
(透明のもの)
飾り(ビーズ・スパンコール・
シール・木の実など)
はさみ／木工用接着剤

作りかた

1 毛糸を細かく切って、
プリンカップに入れる。

2 飾りを
接着剤でつける。

3歳〜

金魚つり

わ〜、つられちゃった。

あそびかた

とめ口にせんたくばさみを
つければ、モールの
つり針で金魚つりが
楽しめます。

用意するもの

毛糸／ポリ袋（透明で小さめのもの）／シール
モール／木の枝／せんたくばさみ
ビニールテープ／はさみ／カラーペン

作りかた

1 ポリ袋を切って広げ、細かく切った毛糸を包んで丸くしぼって、モールやビニールテープでとめる。

★ポリ袋に詰め込むだけでもOKです。

2 目や口をシールで飾りつける。とめ口にせんたくばさみをつける。

3 木の枝の先にモールをねじりつけて先を曲げ、つりざおを作る。

ポリ袋を切って広げ、毛糸を包んで両側をとめればキャンディーに！

毛糸をペタペタ!

はりつけて あそぼう

細かく切った
毛糸をペタペタ。
いろんなものが
もこもこに大変身!

みのむしと おめかしまつぼっくり

みのむしがぬくぬく冬じたく。
まつぼっくりはカラフルにおめかし。

みのむし 4・5歳〜

用意するもの

毛糸／トイレットペーパーの芯
（または細長い空き箱）／シール／はさみ
木工用接着剤／両面テープ／セロハンテープ
カラーペン／段ボール（ポンポン用）

大人がやっておくこと

トイレットペーパーの芯に両面テープを縦にはっておく。

ポンポン用に段ボールを幅6cm
（空き箱の場合は幅3cm）に切っておく（30ページ参照）。

作りかた

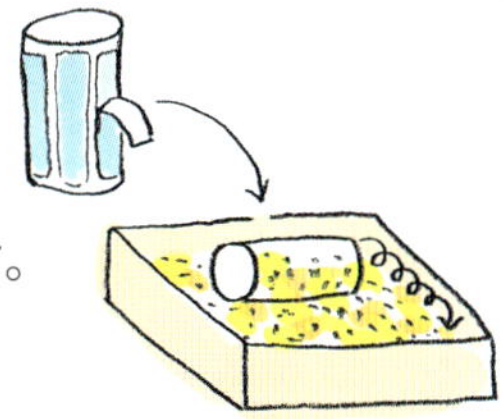

1 両面テープのはくり紙をはがし、
細かく切った毛糸の上を転がす。

2 ポンポンを作り、
シールの目をはりつける
（ポンポンの作りかたは
30ページを参照）。
★ポンポンは、幅6cmの
段ボールを使って作ります。
毛糸は中細がおすすめです。

3 つり下げるための毛糸を
芯の内側にセロハンテープで
とめる。芯のふちに接着剤を
たっぷりつけ、ポンポンを
押し込むようにしてはる。

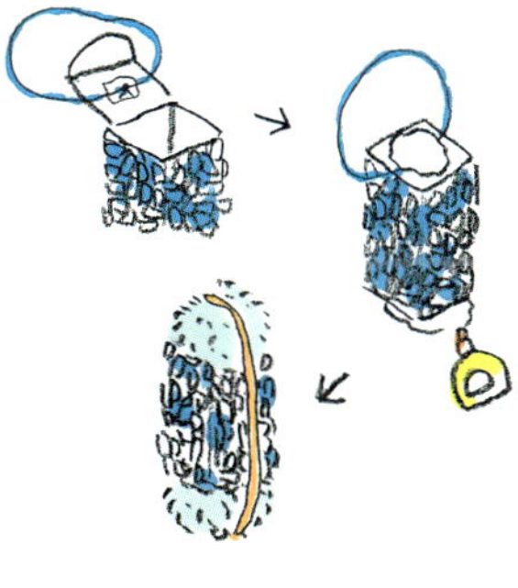

★空き箱の場合は、箱の上下の面に
接着剤をつけてポンポンをはり、
しばらく輪ゴムで固定しておくと
つきやすくなります。
ポンポンは幅3cmの段ボールを
使って2つ作ります。

おめかしまつぼっくり 3歳〜

用意するもの

毛糸／まつぼっくり／紙ねんど／はさみ
木工用接着剤／つまようじ

大人がやっておくこと

まつぼっくりがまっすぐ
立つかどうか調べ、
ぐらつくものには
底に紙ねんどをつけ、
安定させておく。

作りかた

1 接着剤をつまようじにとり、
まつぼっくりにつけて、
細かく切った毛糸を
はりつける。

3歳〜

かんたんタペストリー

カラフルな毛糸や布をペタペタ。あっという間に
すてきなタペストリーができちゃった!

用意するもの

毛糸/布/飾り(はぎれ・ビーズ・木の実など)
木の枝(またはひもやリボン)
はさみ/木工用接着剤/筆

ひもにたくさん通して、旗みたいにしてもすてきだね!
★ひもはゴム通しなどを使って通します。

作りかた

1 毛糸やはぎれを
好きな長さ、形に切る。

2 本体の布に水でのばした
接着剤を筆でぬり、
①やビーズ、木の実などの
飾りをはっていく。

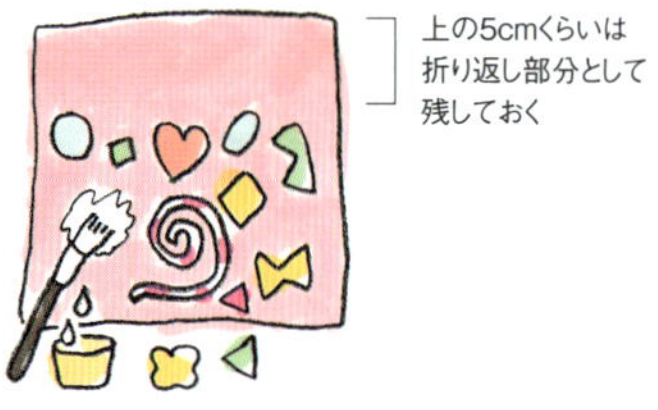
上の5cmくらいは
折り返し部分として
残しておく

3 木の枝を通す部分を
裏側へ折り、接着剤ではる。

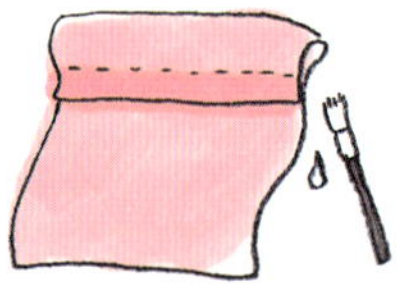

4 木の枝を通し、
両端に毛糸を結びつける。
★木の枝のかわりに、
ひもやリボンを通してもOKです。

ティーマットでねこができた!

4・5
歳〜

ほどいてみたら…

おうちで眠っている編み物をほどいてみよう。
くるくるほどくと……、さあ、どうなるかな?

用意するもの

いらなくなった編み物/毛糸/ボタン
段ボール/ひも/はさみ/カッターナイフ
木工用接着剤/両面テープ
クラフトテープ/カラーペン

大人がやっておくこと

額縁の裏板と縁を
段ボールで作り、裏板の端に
ぐるりと両面テープをはっておく。
縁は子どもが飾りつける。

編み物をほどけやすくしておく。

作りかた

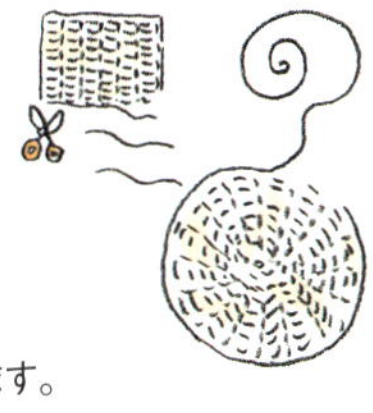

1 編み物をほどく。
★端からほどくと1本の毛糸になります。
はさみでざっくり切ると、パラパラほどけます。

2 裏板に作りたいものの絵をかき、
ほどいた毛糸を接着剤ではりつける。
★飾り用の毛糸やボタンで顔などを作ります。

3 縁を裏板にはって、つるせるように
裏側にひもをクラフトテープで
つけたらできあがり。

4・5歳〜

スプーンさんとフォークさん

用意するもの

毛糸／使い捨て用のスプーンやフォーク
飾り(はぎれ・スパンコール・モールなど)／はさみ
木工用接着剤／カラーペン

かわいい柄のはぎれや、
キラキラ光るスパンコールなど、
毛糸以外の飾りもつけて、
いろいろなスプーンさんや
フォークさんを作ってみてね!

作りかた

1 スプーンやフォークに顔をかく。
★プラスチック製の場合は、
油性ペンを使います。

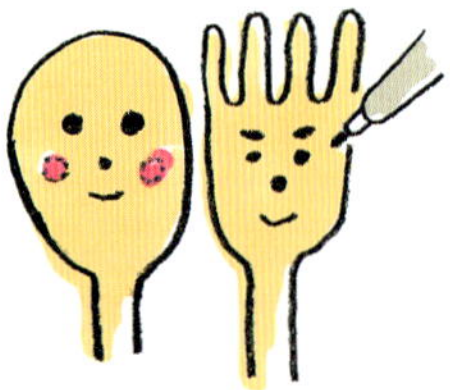

2 人形の髪や服などの部分に、
切った毛糸やはぎれを
接着剤ではりつける。
スパンコールをはりつけたり、
モールを巻きつけて
リボンにしてもかわいい。

君たち
おしゃれだなあ
ふたりも
お似合いね!

毛糸をペタペタ!

はりつけて
あそぼう

3歳〜

とことこさん

指を入れてとことことこ〜。
指が人形の足になるよ。みんなでお散歩しよう!

用意するもの

毛糸/トイレットペーパーの芯
はぎれ/はさみ/カッターナイフ
木工用接着剤/両面テープ
つまようじ/カラーペン

大人がやっておくこと

トイレットペーパーの芯を半分に切り、
指を通す穴を2つあける。下の両角も切っておく。

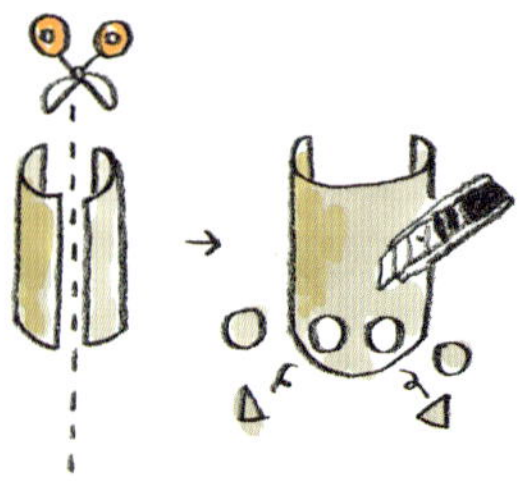

毛糸やはぎれをはる部分に
両面テープをはっておく。

作りかた

1 ペーパー芯に顔をかく。

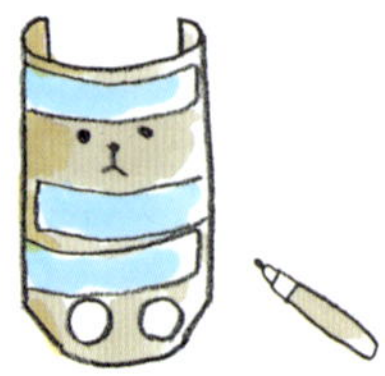

2 毛糸やはぎれを切る。

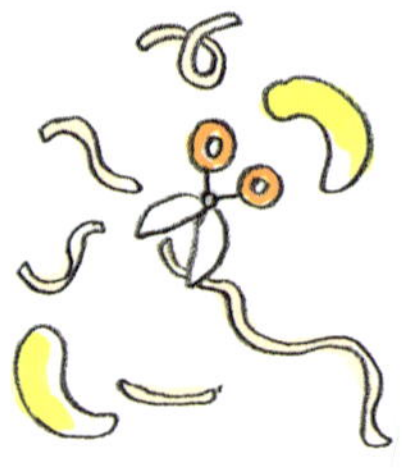

3 両面テープのはくり紙をはがし、
毛糸やはぎれをはっていく。
★細かいパーツは、接着剤をつまようじにとって本体にはりつけます。

いろんなとことこさんを作ってみてね!

3歳～

おしゃれサロン

おしゃれなヘアサロンの開店!
きょうはどんな髪形になさいますか?

用意するもの

毛糸／紙コップ／ペットボトル／はさみ
カッターナイフ／両面テープ／カラーペン

大人がやっておくこと

［毛糸をはる場合］
紙コップの底面と
側面（顔をかく部分以外）に
両面テープをはっておく。

［毛糸をさし込む場合］
紙コップの底面に
十字に切り込みを入れておく。

作りかた

1 毛糸を長めに切る。
★毛糸をさし込む場合は、切った毛糸を束ねておきます。

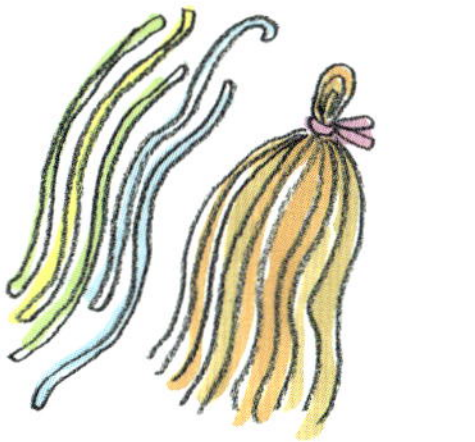

2 紙コップに顔をかく。

3 両面テープのはくり紙をはがして、毛糸をはりつける。
★毛糸をさし込む場合は、十字の切り込みに束ねておいた毛糸をさし込みます。

あそびかた

水を入れたペットボトルにできあがった頭をかぶせて、
毛糸の髪の毛をチョキチョキ切ってあそびます。
気分は美容師さん!

大人

毛糸で変身!

毛糸ウイッグ

毛糸のウイッグ、似合うでしょ?
劇あそびにもぴったり!

＊ウイッグは基本的に大人が作り、子どもたちがそれをつけて遊んだり、劇あそびなどの小道具に使います。

用意するもの

毛糸／はさみ

作りかた

1 いすの脚などを利用して、毛糸をなん重にも巻きつけてはずす。

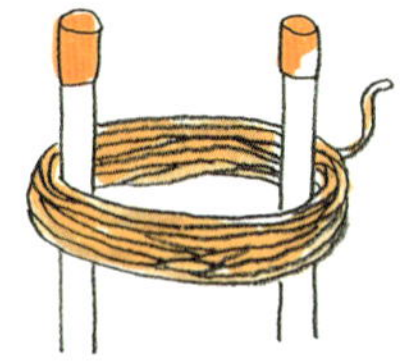

2 輪っかの手前を別の毛糸でぎゅっと結び、結び目が全体の真ん中になるようにして、反対側を切る。

★輪っかを結ぶ毛糸は、ウイッグと違う色を使うとわかりやすいですよ。

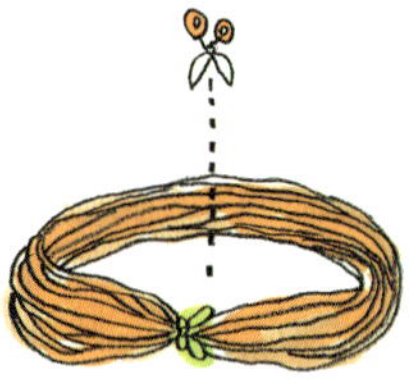

3歳～

毛糸で変身!

うそっこようふく

チョッキとスカートやズボンの組み合わせを替えてあそべるよ。うそっこだけど、あったかそう!

用意するもの

毛糸／色画用紙／ひも／はさみ／木工用接着剤
布粘着テープ／筆

大人がやっておくこと

色画用紙を洋服(チョッキ・スカート・ズボンなど)の形に切る。

★4・5歳児は自分で切ってもOK。

作りかた

1 洋服の形に切った色画用紙に、水でのばした接着剤を筆でぬる。

2 毛糸を切って、好きな模様にはりつける。

3 接着剤が乾いたら、裏返してひもを布粘着テープでつけ、首や腰に結びつけられるようにする。

えっへん!
すてき
でしょ

毛糸をぐるぐる!

巻いてあそぼう

ながーい毛糸。
ぐるぐる巻くのは楽しいね。
ぐるぐる巻いたら
いろんなものが生まれるよ!

4・5歳〜

まきまき人形

毛糸をせっせと巻き巻き。色をかえたら、おしゃれに変身!

用意するもの

毛糸/トイレットペーパーの芯（または紙コップ）/飾り（はぎれ・リボン・スパンコール・シールなど）/はさみ
木工用接着剤/両面テープ/カラーペン

大人がやっておくこと

トイレットペーパーの芯の毛糸を巻く部分に両面テープをはっておく。

作りかた

1 ペーパー芯に顔をかく。

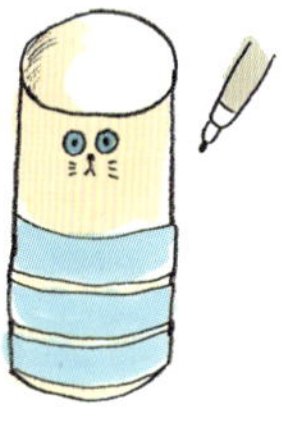

2 両面テープのはくり紙をはがして、毛糸を巻きつける。

3 飾りを接着剤ではりつける。

お散歩人形
アレンジ

アレンジ
まきまき人形に毛糸をつければ、いっしょにお散歩が楽しめるお散歩人形になります。

むしゃむしゃ……

ころん！

はらぺこへびさん
アレンジ

アレンジ
ラップの芯のように長い筒を使えば、へびさんのできあがり。へびさんがむしゃむしゃすると……。

フェルトボールの作りかたは74ページに掲載しています。

4・5歳〜

指人形

指に毛糸の衣装をつけたら、
指人形のできあがり!
テーブルを舞台に、
ミニ人形劇もできるよ。

用意するもの

毛糸／フェルトやはぎれ
ビーズやスパンコール／画用紙
はさみ／木工用接着剤
両面テープ（極細タイプ）
カラーペン／つまようじ

大人がやっておくこと

画用紙で子どもの指の長さと
太さに合う筒を作り、
両面テープをはっておく。
★先に指に顔を
かいておいてもOKです。

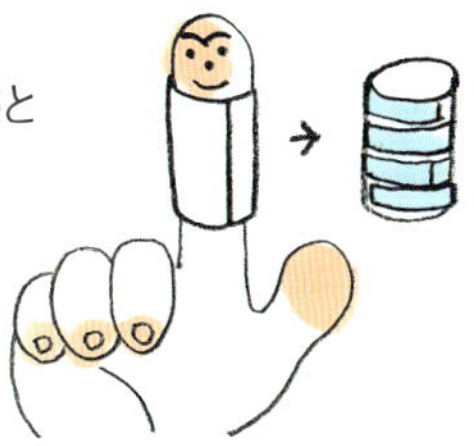

作りかた

1 毛糸を適当な長さに切る。

2 両面テープのはくり紙をはがして、
毛糸を巻きつけたり、
はりつけたりする。
★指にはめて作業すると
やりやすいですよ。

3 手や足などの形に切った
フェルトやはぎれを
接着剤ではりつける。
★細かいパーツは、接着剤を
つまようじにとって本体にはりつけます。

あそびかた

指に毛糸の
衣装をつけ、
指の腹に顔をかけば、
指人形の完成!

毛糸をぐるぐる!

巻いてあそぼう

5歳〜

まきまきオブジェ

木の枝や割りばしなどの身近なものに毛糸を巻き巻き。いろんなものに毛糸を巻きつけるだけで、表情が違うすてきな飾りができるよ。

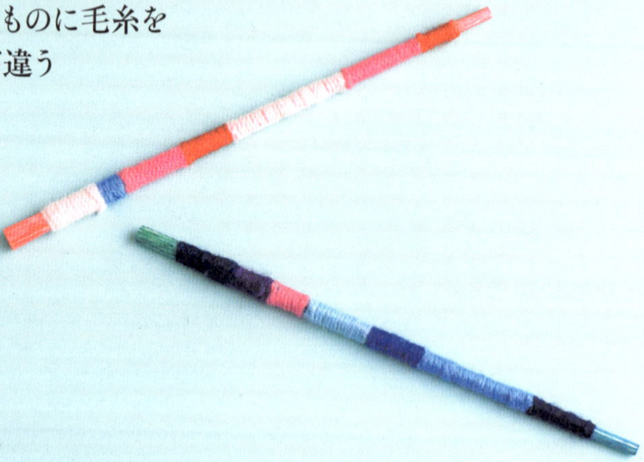

割りばしバージョン

用意するもの

毛糸／割りばし／はさみ／木工用接着剤／カラーペン（油性）

大人がやっておくこと

毛糸を30〜50cmに切っておく。

作りかた

1 割りばしに油性のカラーペンで色をぬる。

2 毛糸の端を割りばしに固結びにして巻きつけていく。巻き終わりは接着剤でとめる。

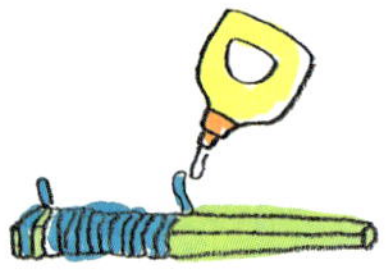

アレンジ

割りばしバージョンをなん本か作ったら、割りばしの両端を毛糸で結びつなげて壁飾りを作ってみましょう。ポンポンやまつぼっくりなどの飾りをつけてもかわいい!

ホースバージョン

用意するもの

毛糸／ホース／はさみ／木工用接着剤／ビニールテープ

大人がやっておくこと

ホースの先の一方に切り込みを入れ、もう一方の先にさし込んでリース状にする。

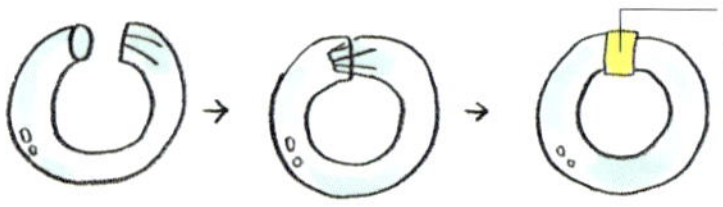

作りかた

1 毛糸を適当な長さに切り、端をホースに固結びでとめて巻きつけ、巻き終わりを接着剤でとめる。

★すきまなく巻いていくときれいです。

用意するもの

毛糸／木の枝
はさみ／木工用接着剤

大人がやっておくこと

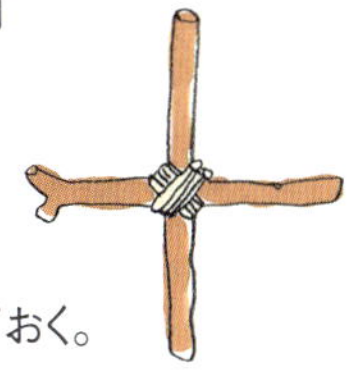

枝を十字に組んで
中心を毛糸（極太）で
ぐるぐる巻いて固定しておく。

作りかた

1 十字に組んだ木の枝の
1本に毛糸の端を固結びでとめる。
隣の枝に順番に反時計回りに
回しかけていく。これを繰り返す。

★毛糸の色をかえるときは、毛糸と毛糸を
固結びにし、そのまま続けましょう。

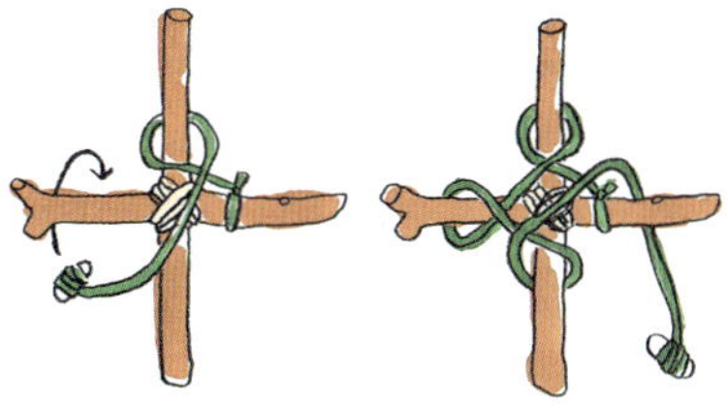

2 巻き終わりに接着剤をつけて、
枝に巻きつけたらできあがり。

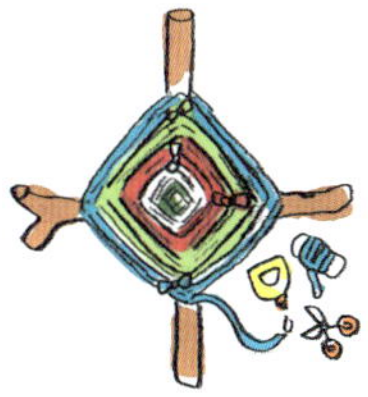

4・5歳〜

インディアンのお守り
God's Eye

「God's Eye」はアメリカン・インディアンに
古くから伝わる魔よけのお守り。
かわいいだけじゃなく、かっこよくなるところも
毛糸ならではだね。

アレンジ

枝が1本の場合は
毛糸の端を枝に
固結びでとめて巻きつけ
巻き終わりを接着剤で
とめます。

毛糸をぐるぐる!

巻いてあそぼう

用意するもの

毛糸／フェルト／えんぴつ
消しゴム(紙ケース入り)／コピー用紙／色画用紙
はさみ／穴あけパンチ／木工用接着剤
ホッチキス／カラーペン／筆

大人がやっておくこと

色画用紙(10×16cm)に
コピー用紙(同サイズ、8枚くらい)を
重ねて半分に折ってホッチキスでとめ、
小さなノートを作っておく。

短冊状に切った画用紙の上端に
穴あけパンチで穴をあけ、毛糸を
通してしおりの本体を作っておく。

作りかた

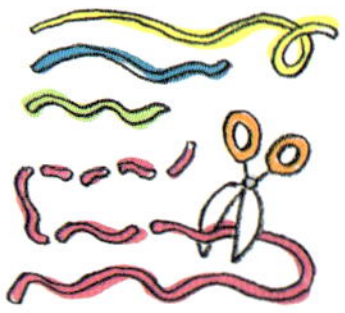

1 毛糸を適当な長さに切る。

えんぴつ

2 えんぴつに筆で接着剤を
ぬり、毛糸を巻きつけていく。

★えんぴつを削るときは、
削る長さの分だけ毛糸を
はがして削りましょう。

消しゴム

2 消しゴムケースに筆で
接着剤をぬり、
毛糸を巻いたりはり
つけたりする。

ノート

2 表紙に絵をかき、筆で
接着剤をぬって、
毛糸やフェルトなどを
はりつける。

しおり

2 しおりの本体に筆で
接着剤をぬり、
毛糸で好きな模様に
はりつける。

4・5
歳～

わたしの文具

えんぴつ・消しゴム・ノート・しおり

えんぴつや消しゴムにも毛糸をぐるぐる。
自分だけの、オリジナル文具のできあがり。

4・5歳～

まきまき オーナメント

クリスマスにぴったりの
オーナメント。
サンタクロースも思わず
ほしくなっちゃうかも!

リース

用意するもの

毛糸／木のつる／針金／飾り（まつぼっくりやポンポン）
はさみ／段ボール（ポンポン用）

大人がやっておくこと

木のつるをリース状に束ねて、なんか所か針金を巻いてとめておく。

作りかた

1 毛糸を適当な長さに切り、リースに巻きつけていく。
★ランダムに巻く方が、つるがところどころ見えて味が出ます。

2 まつぼっくりやポンポンなどの飾りを毛糸で結びとめる（ポンポンの作りかたは30ページを参照）。

ツリーオーナメント

用意するもの

毛糸／段ボール／ビーズ（穴に毛糸が通るもの）やスパンコール
はさみ／カッターナイフ／穴あけパンチや目打ち

大人がやっておくこと

段ボールをオーナメントの形に切り、まわりに切り込みを入れておく。
★穴あけパンチや目打ちで毛糸を通す穴をあけておきます。

作りかた

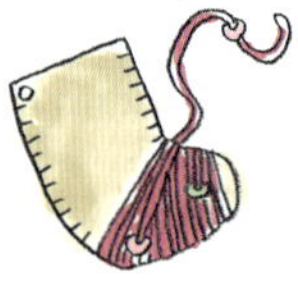

1 毛糸を適当な長さに切り、段ボールの切り込みに引っかけながら巻きつけていく。
★ビーズを通すとアクセントになります。

2 巻き終えたら毛糸の端を結びとめ、ツリーや壁に飾れるように穴に毛糸を通して結ぶ。

4・5
歳〜

ポンポンフラワー

毛糸の花がポンッと咲いたよ。
毛糸の花びら、きれいだね。

用意するもの

毛糸／輪ゴム／針金（1本につき35cmくらい）
はさみ／ビニールテープ／段ボール

作りかた

1 大小2つの段ボールに毛糸を巻きつける。

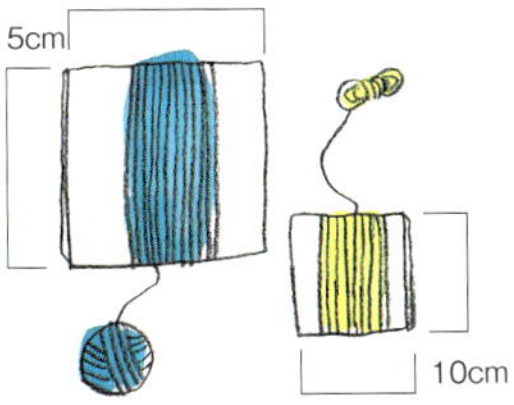

2 毛糸を段ボールからはずし、針金を半分に折り曲げて毛糸をはさむ。

★上に長い毛糸、下に短い毛糸をはさみます。

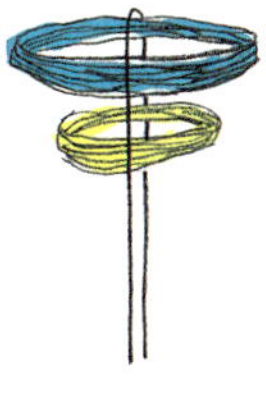

3 針金を交互にねじりながら毛糸をしばり、針金の付け根から1cmくらいのところを輪ゴムでぎゅっとしばる。

4 毛糸の輪をはさみで切ってひらけばお花のできあがり。仕上げに針金にビニールテープを巻きつける。

花びんのアレンジ。
紙コップにラフに巻きつけて
飾りつけするだけでも、
こんなにすてき。

4・5
歳〜

ポンポンを作ろう

コロンとまあるいポンポンは、見た目もさわり心地もふわふわ。
飾りつけをしてマスコット人形にしたり、
マフラーの飾りにしたり、いろいろ楽しめるよ。

用意するもの

毛糸／はさみ／段ボール

作りかた

1 段ボールに毛糸を巻きつける。
★巻きつける回数が多いほど、
密度の高いポンポンができます。
段ボールの大きさは、
作りたいポンポンの大きさによって
調節しましょう。

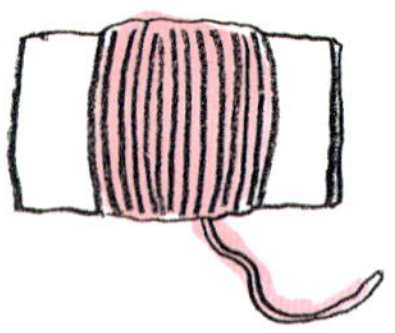

2 段ボールから毛糸をはずし、
毛糸の輪の中心を
別の毛糸できつく結ぶ。
★中心の毛糸は、間違って
切ってしまわないように、ポンポンとは
違う色を使いましょう。
長めに残しておくのがポイントです。
②は大人がやりましょう。

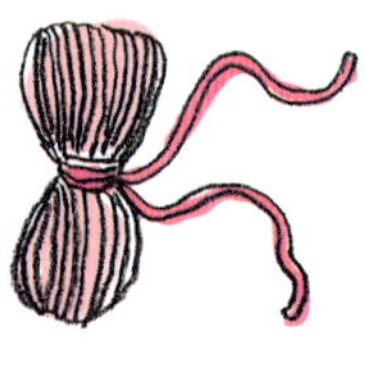

3 毛糸の輪を切る。

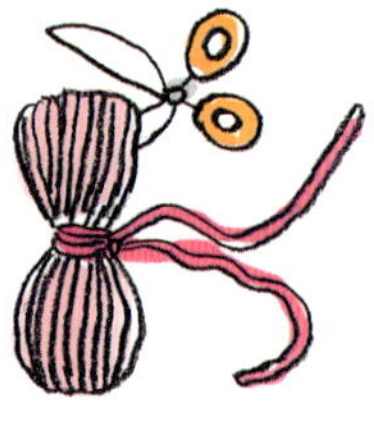

4 はさみで切って、
形を整える。

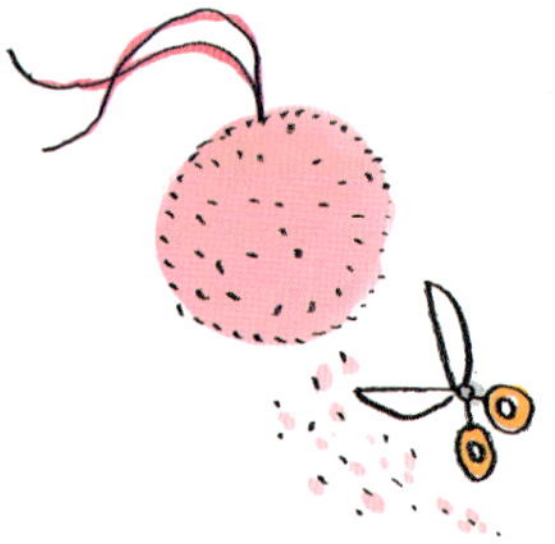

4・5歳〜

ポンポンアニマル

ポンポンに目や耳をつければ、かわいいマスコット人形に!
キーホルダーにしたり、窓辺につるしてもかわいいよ。

用意するもの

ポンポン／フェルト／動眼《どうがん》(プラスチック製の動く目玉)
はさみ／木工用接着剤

作りかた

1 ポンポンを作り、ポンポンの中心を
結んだ毛糸を、つり下げられるように輪に結ぶ。
フェルトで目や鼻、耳を作って接着剤で
はりつけたらできあがり。

ポンポンの丸い形を生かして、
りんごのキーホルダーに!

毛糸をはりめぐらせて

引っかけて あそぼう

毛糸の線が重なり合って
模様ができてきた!
色をかえたり、かけかたや
素材をかえるだけで
バリエーションが広がるよ。

エコタペストリー

毛糸のかけかたをいろいろかえてみると、
真ん中の模様の見えかたも変わって楽しい!

段ボールバージョン 3歳～

用意するもの

毛糸／段ボール／はさみ／カッターナイフ
セロハンテープ／カラーペン
★毛糸は中細がおすすめです。

大人がやっておくこと

段ボールを丸、三角、窓枠形などに切り、
1～2cm間隔で切り込みを入れておく。

毛糸を50cmくらいに切っておく。

作りかた

1 毛糸の端を段ボールの裏に
セロハンテープではり、
切り込みに毛糸を引っかけていく。
★最後も、毛糸の端を段ボールの
裏にセロハンテープでとめましょう。

ポイント　カラフルな箱を使う
菓子箱やカラー段ボールを使うと、
カラフルできれいに仕上がります。

2 毛糸をかけ終わったら、段ボールに
カラーペンで模様をかく。

スチレン皿バージョン 4・5歳～

用意するもの

毛糸／スチレン皿／はさみ／カッターナイフ／セロハンテープ
★毛糸は中細がおすすめです。

大人がやっておくこと

スチレン皿に2cm間隔で切り込みを入れ、
皿の中央部分をカッターナイフで
好きな形に切り抜く。

毛糸を50cmくらいに切っておく。

作りかた

1 毛糸の端をスチレン皿の裏に
セロハンテープではり、
切り込みに毛糸を引っかけていく。
★最後も、毛糸の端をスチレン皿の
裏にセロハンテープでとめましょう。

アレンジ

ペンダント&ステッキ

アレンジ

段ボールに毛糸とリボンを
つければペンダントに!
木の枝をはりつけて作る
ステッキは、スパンコールなどを
はりつけても
かわいいですね。

毛糸を右へ左へ

織ってあそぼう

身近にあるネットやかごに
すてきに飾りつけ。
毛糸を織り込んでいくだけだから
とってもかんたん!

4・5歳～

織り絵

小さなおうちのできあがり。

用意するもの

毛糸／網／はさみ／毛糸用とじ針
★毛糸は極太がおすすめです。

大人がやっておくこと

毛糸を50cmくらいに切っておく。

毛糸用とじ針を用意し、
毛糸を通しておく。

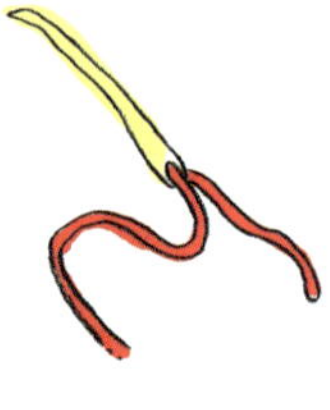

作りかた

1 毛糸の端を網に固結びでとめ、
毛糸を網目に通していく。
★なにかの形に作ってもいいし、
自由な模様にしても楽しいですよ。

ポイント　とじ針なしでもOK!
自由な模様にする場合は、とじ針を使わずに、
毛糸を手で持って通してもよいでしょう(4歳児向け)。

2 形ができたら、毛糸を3cmくらい残して切り、
裏側から編み目に織り込んで隠すか、
毛糸の端を網目に結びつける。

3歳～

うちわ織り

毛糸織りにはうちわが大活躍!

用意するもの

毛糸／うちわ骨（古いうちわを水につけて、紙をはがして乾かしたもの）／はさみ

★毛糸は極太がおすすめです。

大人がやっておくこと

毛糸を50cmくらいに切っておく。

作りかた

1 毛糸の端をうちわ骨に固結びでとめ、骨に上、下、上、下と交互に織り込んでいく。最後は骨に結びつける。

★色をかえるときは、それまでの毛糸を裏側へ出してから、次の毛糸を織り始めましょう。

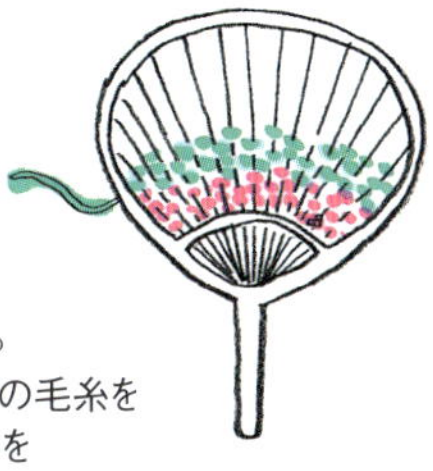

4・5歳～

やわらかネットコースター

すべり止め用などのネットで作ったコースター。毛糸を織り込んで、両端をネットに結ぶだけ!力を入れすぎるとネットが縮んでしまうので、やさしく織ってね。

3歳～

かご織り

かごも毛糸で飾りつけ。毛糸の色をかえるときは、毛糸と毛糸を固結びにするだけでOK!
かごは、縦の芯と芯のすきまが広くあいているものがおすすめ。

ポイント　交互に織り込む

毛糸を織り込むときは、芯の上、下、上、下と交互に織り込むときれいです。

毛糸を集めて

束ねてあそぼう

毛糸は束ねると
ボリュームが出るよ。
ふさふさ毛糸で
いろんな人形を作ってみよう。

4・5歳〜

ふさふさ人形

ふさふさ毛糸が、ライオンの
たてがみや、たこの足に!

用意するもの

毛糸／フェルト／綿／はさみ／穴あけパンチ
目打ち／木工用接着剤／安全ピン

★毛糸は極太がおすすめです。

大人がやっておくこと

人形の本体になるフェルトを2枚用意し、
まわりに穴あけパンチで毛糸を
通す穴をあけておく。

★フェルトを2枚重ねて目打ちなどで
穴の位置に印をつけ、1枚ずつ穴をあけます。

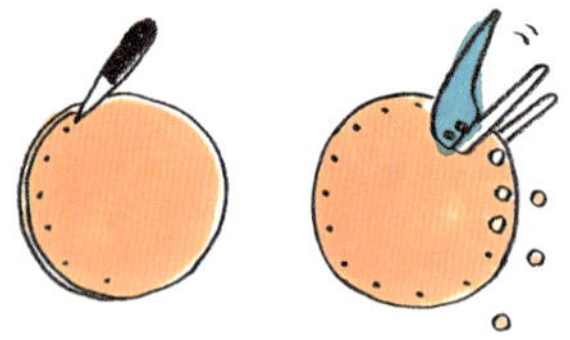

毛糸を切っておく。

ライオン・はりねずみ・毛虫→20cmくらい
たこの足→30cmくらい
髪の毛・ひげ→お好みの長さに

作りかた

1 本体のフェルトに、フェルトで作った目や鼻などを接着剤ではりつけ、顔を作る。

★毛虫は模様をつけておきます。

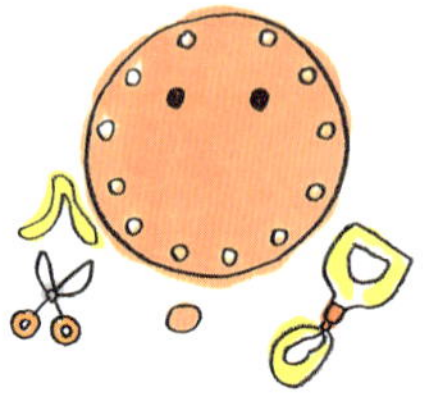

2 本体2枚の間に綿をはさみ、安全ピンでとめておく。

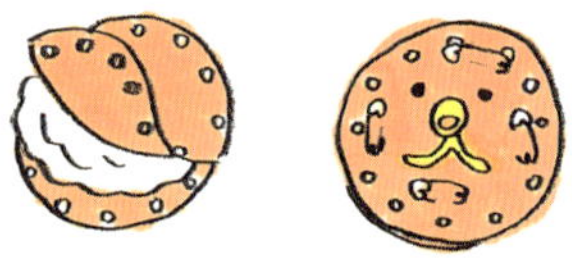

3 毛糸を半分に折って穴に通し、通した毛糸の輪の中に先を入れて引っ張る。

★すべての穴に毛糸を通し、最後に安全ピンをはずせばできあがりです。

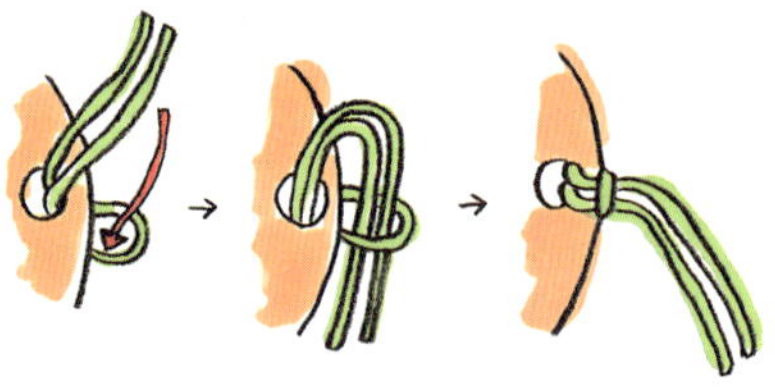

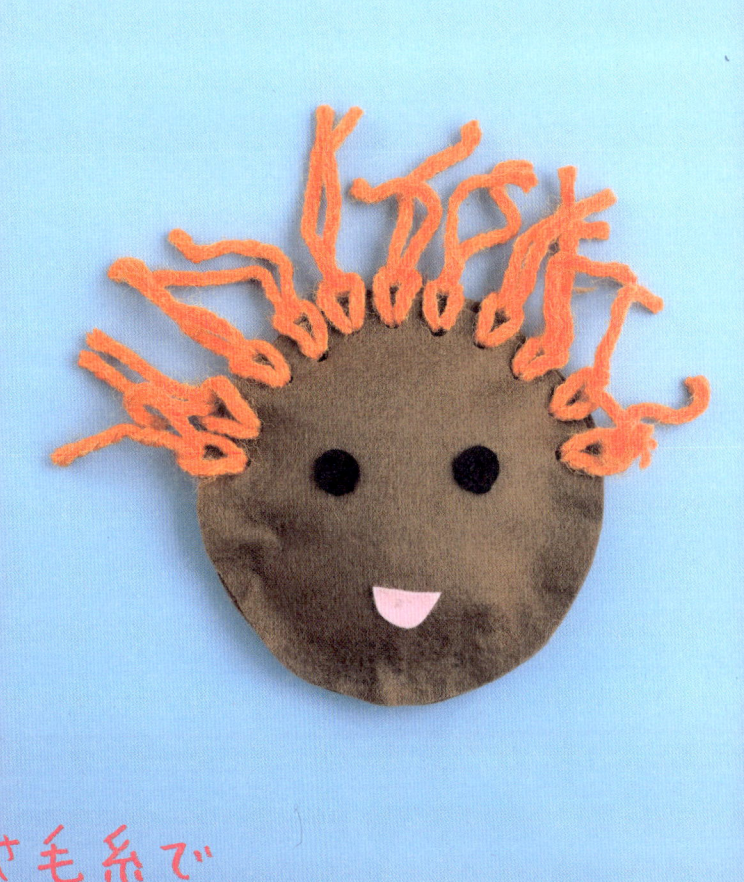

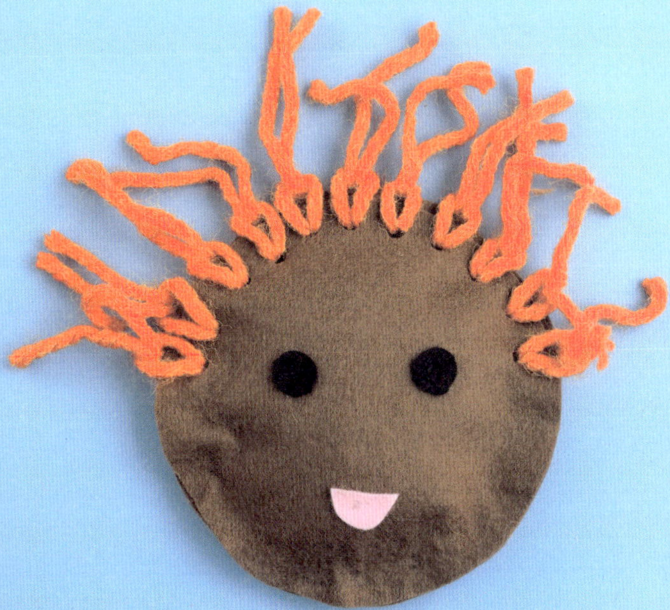

ふさふさ毛糸で

なにができるかな？

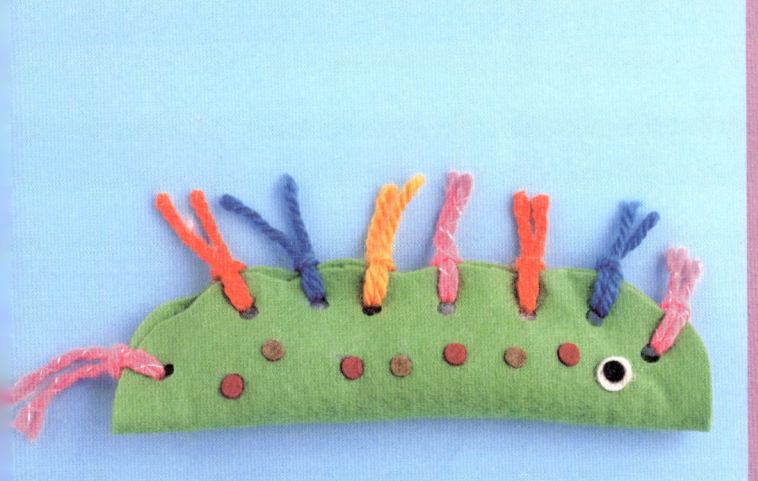

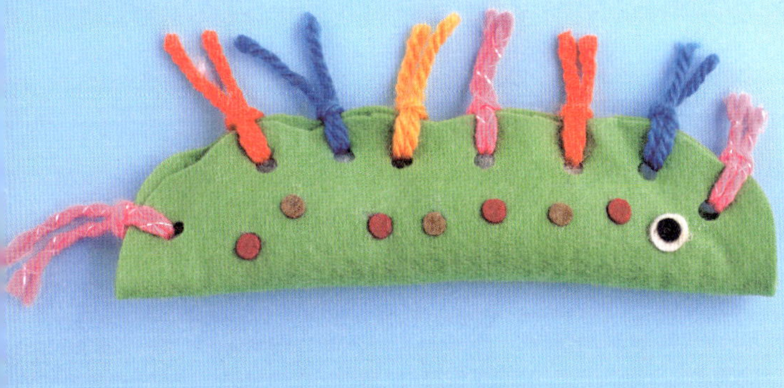

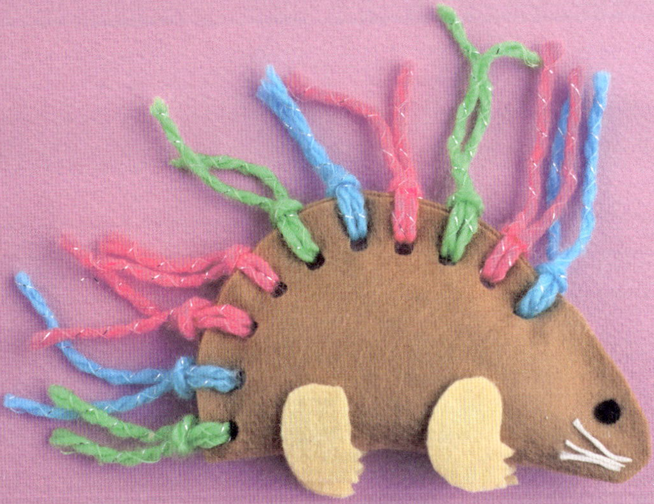

毛糸で ダイナミックあそび

毛糸はみんなであそべる
道具にもなるよ。
ダイナミックにあそんじゃおう!

4歳〜

毛糸色おに

いつもの色おにに毛糸をプラス!
寒い日の外あそびが、もっと楽しくなるね。

用意するもの

指編みをした毛糸（作りかたは48～49ページを参照）／裂き布

★毛糸や裂き布はなん色か用意しておきます。

大人がやっておくこと

指編みをした毛糸や裂き布を木などに巻きつけておく。

あそびかた

1 まずおにを決める。

2 おにが好きな色を言う。

3 おに以外の子は、おにが言った色を探してタッチする。
おには、まだ色にタッチしていない子を追いかけてさわり、
おににさわられた子は、おにと交代する。

裂き布を用意するときは、子どもたちに
布を裂いてもらえば、楽しいあそびに！

毛糸で
ダイナミックあそび

用意するもの

指編みをした毛糸（作りかたは48〜49ページを参照）
タオル／ブロックなど（持ち手になるもの）

大人がやっておくこと

指編みをした毛糸の先に丸めたタオルを結びつけ、
反対側に持ち手（ブロックなど）をつける。

あそびかた

1 大人が真ん中に座り、
そのまわりに子どもたちが
円を描くように並ぶ。

2 大人は、用意した毛糸を
ぐるぐる回し、子どもたちは
毛糸に引っかからない
ようにとび越す。
最後まで残った子の勝ち!

★この日は、運動会のBGMでも
おなじみの「クシコス・ポスト」を
大人が口ずさみながら回しました。
子どもたちの気分も盛り上がって、
とっても楽しいですよ。

アレンジ

指編みをした毛糸をあそびに
とり入れると、いつものあそびが
ちょっと楽しくなります。毛糸でいろんな形を
作って、その間をくぐる「くぐりあそび」や、
ゴムとびならぬ「毛糸とび」、
どんじゃんけんのラインを毛糸にした
「毛糸どんじゃんけん」など、
りんごの木では
あそびにうまく毛糸を
とり入れています。

4歳～

ぐるぐるぴょんぴょん

りんごの木で大人気のあそび「ぐるぐるぴょんぴょん」。
指編みで編んだ毛糸を使った、とっても盛り上がるあそびだよ。

column 1

毛糸あそびを始めよう

導入のポイント

蝶間林裕美　永田好子

★かんたんあそびからスタート!

「毛糸を編み物に使うだけっていうのはもったいないよね」

「同感!」

「つり糸やリボンにして
道具として使ったり」

「棒にぐるぐる巻きつけて
色を楽しんだり」

「チョキチョキ、はさみで細かく切る
感触を楽しんだり」

「使わなかった毛糸の切れ端は、
ままごとに利用したり」

「毛糸玉そのものを指にさして
指人形にしたり」

「えっ?」

かんたんあそびからステップアップ

★指編みでいろいろ あれこれ

「編み上がった指編みを、
なんに使うか考えるの、
楽しいよね」

「そのままマフラーとして使うもよし、
ぼうしやベストを作るもよし」

「ほかには、いぬごっこのときの
リードにしたり」

「ぐるぐるぴょんぴょん
(40ページ参照)の
ひもとして使ったり」

「あー、あれ、楽しいよねー」

「ねー」

子どもたちと話してみよう!

★毛糸は羊毛からできている

「毛糸と羊毛は同じヒツジの毛だって、
子どもはわかってるのかな?」

「羊毛は綿だと思ってるんじゃないのかなあ……」

「あたしたちでも羊毛から毛糸をつむぎ出すことってできる?」

「難しいけど、できるんだよ」

「えっ、本当に?　どうやって?」

「指先で羊毛からほんの少し繊維を引っ張り出しながら、
もう片方の指先でよっていくと毛糸状になるよ」

「今度、子どもたちとやってみようかな」

「いいかもね。でも、まずは重ねたり
丸めたりするのが楽しいよね」

chapter 2

毛糸で作ろう

マフラーにぼうし、ポシェット……。
毛糸で作りたいもの、なにがあるかな?
指編みや編み機のリリアン編みなど、作りかたもいろいろ。
手作りならではのあったかさを味わおう。

編み機で作る
いろいろマフラー

毛糸の太さや種類が違うだけで、
まったく違った印象のマフラーができるよ。
色の違う2本の毛糸を
2本どりにして編んでもいいね。

★作りかたは58ページに掲載しています。

毛糸で編もう

指編みや編み機を使った
リリアン編みなど
いろんな編みかたで
いろんな作品を
作ってみよう!

毛糸の太さや種類、
輪っかの大きさをかえると、
雰囲気の違う
マフラーが作れるよ。
作りかたはとっても
かんたんだから、
小さい子でも楽しめる!

4・5
歳～

輪つなぎマフラー

毛糸の輪っかをつなげると……マフラーができた!

用意するもの

毛糸／はさみ／段ボール

大人がやっておくこと

段ボールを切って、1か所切り込みを入れておく。

作りかた

1 毛糸の端を少し残して段ボールの切り込みに引っかけ、毛糸を巻きつけていく。

2 毛糸を巻き終えたら、①で残しておいた毛糸と結んで段ボールからはずす。
★輪っかは10個ほど作っておきます。

3 2つの輪っかを十字に重ねる。

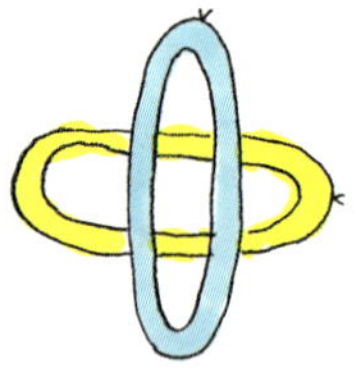

4 下に横向きに置いた輪の端と端を合わせ、毛糸でしばる。

横から見たところ

5 輪をくぐらせてどんどんつなげていく。
★最後も④と同様に端の輪を毛糸でしばりましょう。
先にポンポンをつけてもいいですね
（ポンポンの作りかたは30ページを参照）。

ふわふわで
あったかいよ!

一見難しそうな指編み。
でも、実はとってもかんたん!
編みかたさえ覚えれば、
あとは繰り返すだけ。
いろんな小物が作れちゃうよ。

4・5歳～

指編みにチャレンジ!

用意するもの 毛糸／はさみ／毛糸用とじ針

編みかた

1

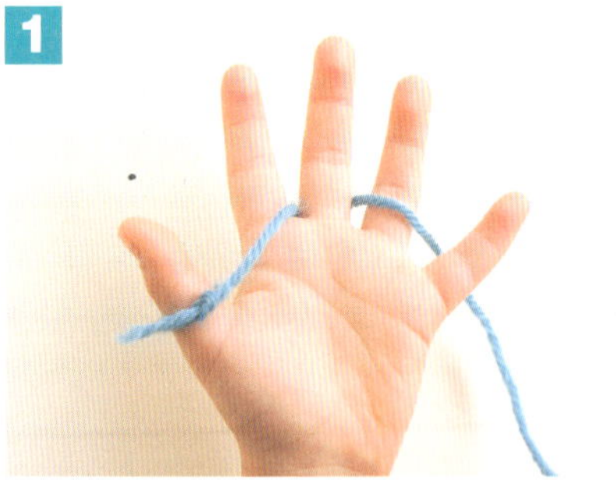

毛糸の先を輪にして左手の親指にかけ、
毛糸を指の前、後ろと順番にかける。

2

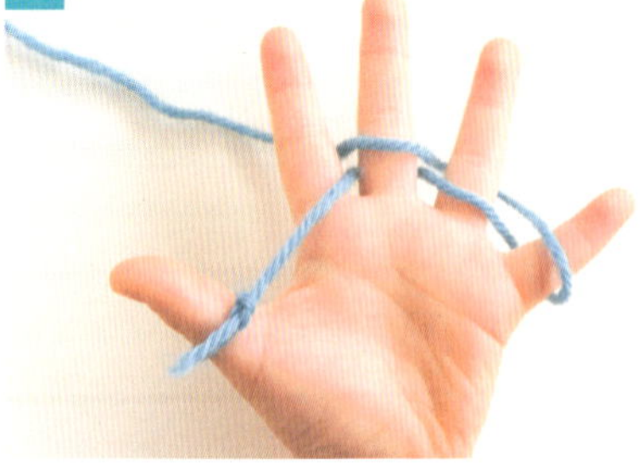

小指までかけたら、また指の前、
後ろと順番にかける。

3

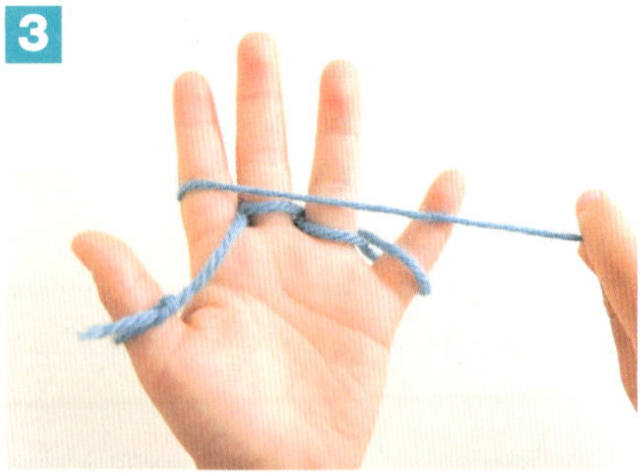

人さし指に戻ってきたら、手のひら側に
毛糸を置いて、小指まで毛糸を渡す。

4

親指と人さし指の間の毛糸をつまみ、人さし指をくぐらせる。

横から見たところ

指を折り曲げて
くぐらせると
やりやすいですよ。

5

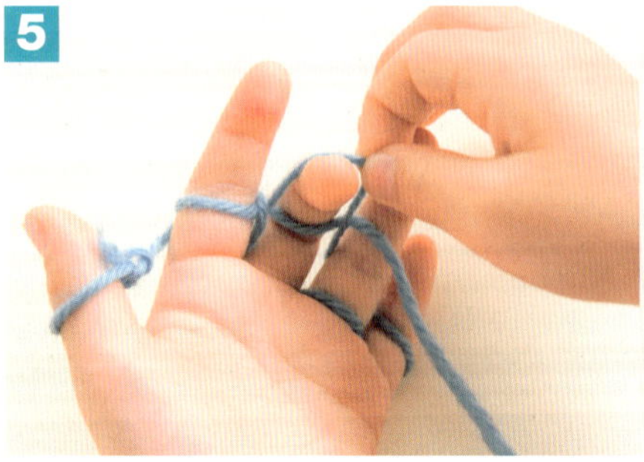

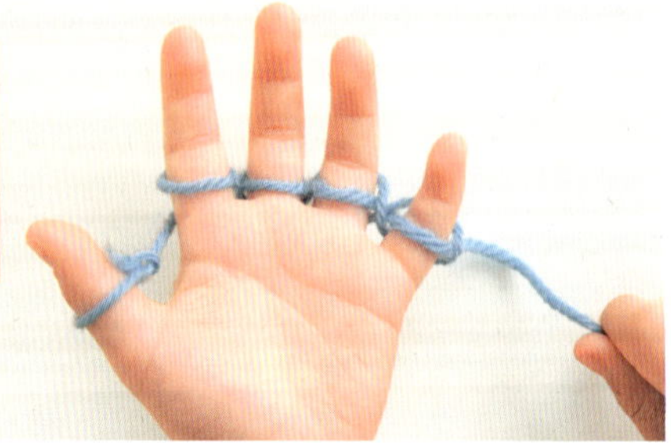

同様に、中指、薬指、小指の順に、指にかかっている毛糸をつまんで、指をくぐらせる。
★小指まで編めたら、1段目のできあがり。

6

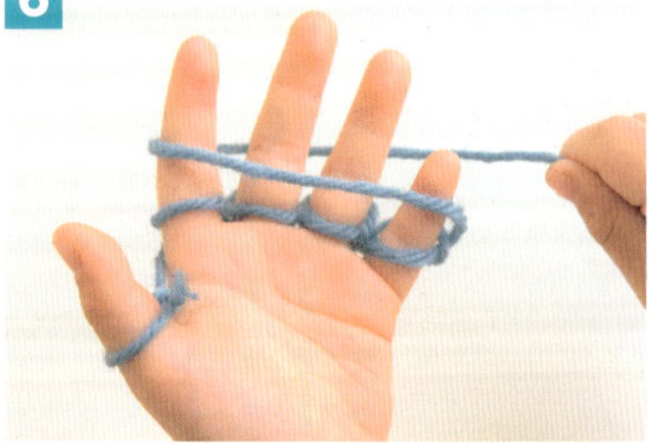

毛糸を手のひら側に置いて、
小指から人さし指まで毛糸を渡す。
★2段目のスタートです。

7

④～と同様に、小指、薬指、中指、人さし指の順に、
指にかかっている毛糸をつまんで、指をくぐらせる。

★人さし指まで編めたら、毛糸を手のひら側に置いて小指まで渡し、また人さし指から順番に編んでいきます。あとはこの繰り返しです。親指にかけた毛糸は、なん段か編んだところではずしましょう。

ポイント　同じ指から編み始める

1段編み終えたら、編み終えた指から次の段を編み始めると覚えておきましょう。

ポイント　編み目を整える

ある程度編めたら、毛糸の端を引っ張って編み目を整えましょう。

8

好きな長さまで編めたら毛糸を20cmくらい
残して切り、指からはずしてそれぞれの編み目に
毛糸を通して引っ張りながらしぼる。
引きしぼらずに、毛糸を最後の編み目に
結びつけると平らなタイプができる。

★毛糸を指からはずす前に、
指にかかった目に毛糸をくぐらせてもOKです。

わかりやすいように、毛糸の色をかえています。

ポイント　指のかわりに割りばしを使う

休憩するときは、毛糸の目に割りばしを通しておきます。

これで指編みはバッチリ!
50ページからは、
指編みをしたものを
使って作る、
かわいい小物の数々を
ご紹介します。

4・5
歳〜

指編み
マフラー

指で編んだマフラーはとってもふわふわ。
自分の手で編むと、あったかさも倍になるね。

指編み（48〜49ページを参照）で
マフラーになる長さまで編み、
両端の毛糸を引きしぼって、
ポンポンをつけたらできあがり
（ポンポンの作りかたは30ページを参照）。

4・5歳〜

指編みベスト

指編みだからとあなどるなかれ。
なんとこんなにすてきなベストも作れちゃう!

これは実際に子どもが作ったもの。もくもくと編んで、数時間で作れたよ。

用意するもの

毛糸／はさみ／毛糸用とじ針
段ボール(ポンポン用)
★毛糸は太めのものがおすすめです。

作りかた

1 指編みをしたものを13本くらい作る。
(目安:前身ごろ3本×2、
後ろ身ごろ6本、えり1本)
指編みは編み終わりを引きしぼらない
平らなタイプを使う。
★指編みの本数や長さは、毛糸の太さや
着る人のサイズによって変わります。
例えば、太い毛糸を2本どりにして編めば、
後ろ身ごろは4本くらいで足りるでしょう。
本数は、編んでいく過程で
大人が調節するようにしてください。

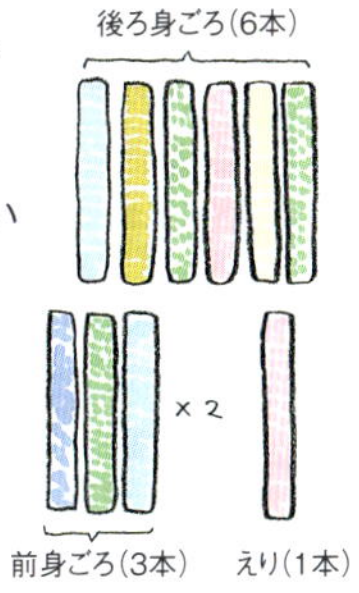

2 指編みをしたものを縦に並べて、
端同士を毛糸用とじ針でかがる。
後ろ身ごろ1枚(6本分)と、
前身ごろ2枚(3本分×2)を作る。
★両端の編み目をとじ針で
すくうようにして、かがっていきます。

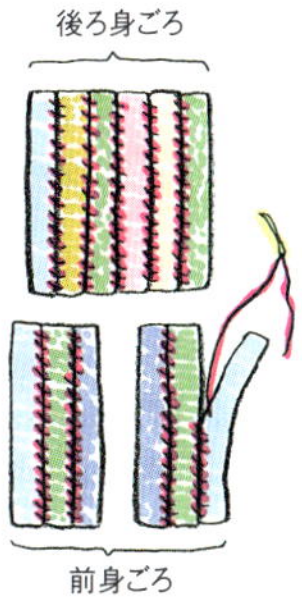

3 後ろ身ごろと前身ごろの肩の
部分をかがる。
★両端から7cmくらいをかがり、
えりぐりの部分はかがらずに
残しておきます。

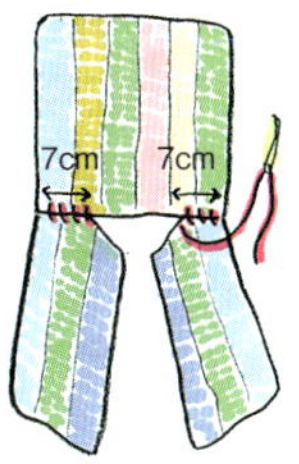

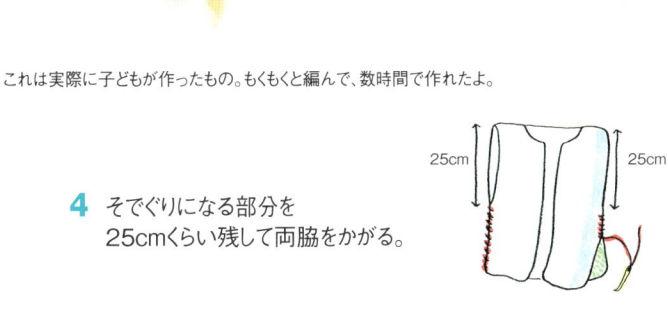

4 そでぐりになる部分を
25cmくらい残して両脇をかがる。

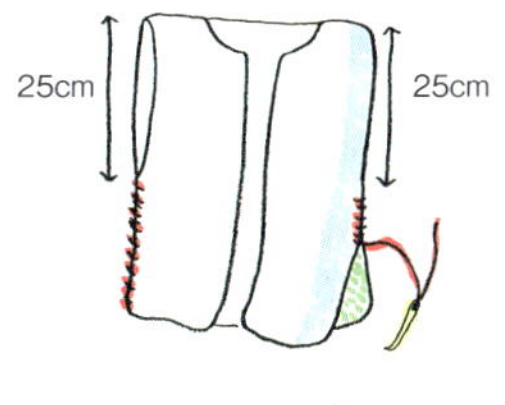

5 えりの部分になる指編みの両端に、
ポンポンを結びつける
(ポンポンの作りかたは30ページを参照)。

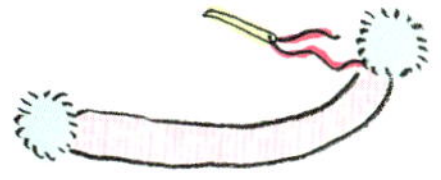

6 えりの部分をかがりつける。
★AとCは左右の前身ごろ(A'・C')に、
Bは後ろ身ごろ(B')にかがりつけます。

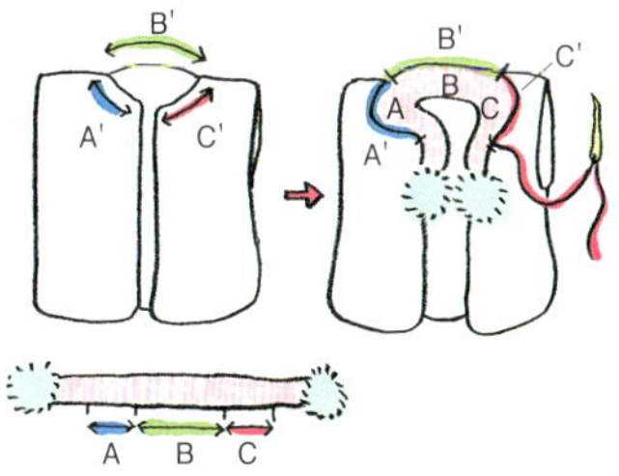

コースター

用意するもの

毛糸／はさみ／毛糸用とじ針

作りかた

1 指編みで40cmくらい編み、
端からうず巻き状に巻いていく。

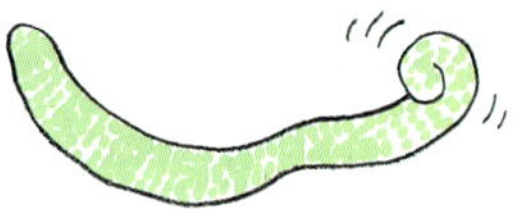

2 巻いたときに接している部分を、
ほどけないように
毛糸用とじ針でかがりとめていく。

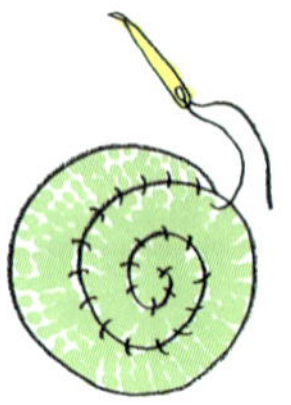

4・5歳～

指編みアラカルト

同じ指編みが、アレンジ次第でいろいろなアイテムに!

アレンジ

コースターと同じく、
指編みで40cmくらい編んだものを
結んだり輪にくぐらせたりして、端を
かがりとめます。母の日のプレゼント
にもぴったり! アクリル100%の
毛糸を使用すれば、洗剤いらずの
「アクリルたわし」が
作れます。

アレンジ

ざぶとん

アレンジ

作りかたはコースターと同じ。
ざぶとんは、指編みで長く長く
根気よく編んだものを、
くるくると巻いて
かがりとめます。
太めの毛糸を使うのが
おすすめ。

アレンジ

エコたわし

指編みぼうし

用意するもの

毛糸／はさみ／毛糸用とじ針
段ボール（ポンポン用）

作りかた

1 指編みで長く編んだものを、端から
うず巻き状に巻いてかがりとめていく。
コースターのように平面ではなく、
立体的になるようにかがる。

★指編みの長さは、かぶる人の頭の大きさによって
異なりますが、あとから足すこともできるので、
ある程度長く編めたらかがっていきましょう。
できあがったら、先にポンポンをつけてもかわいいですよ
（ポンポンの作りかたは30ページを参照）。

ポイント　立体的にかがる

立体的にするには、かがっていくときに
半分にたたんでみて、三角になっているか
どうかを目安にします。

厚紙で作った円すい
（かぶる人の頭より小さめ）に
かぶらせてかがっていくのもいいですね。

毛糸で編もう
編み機編

身近なもので、手作り編み機を
作ってみよう!
指編みとはまたひと味違った
リリアン編みのアイテムが作れるよ。

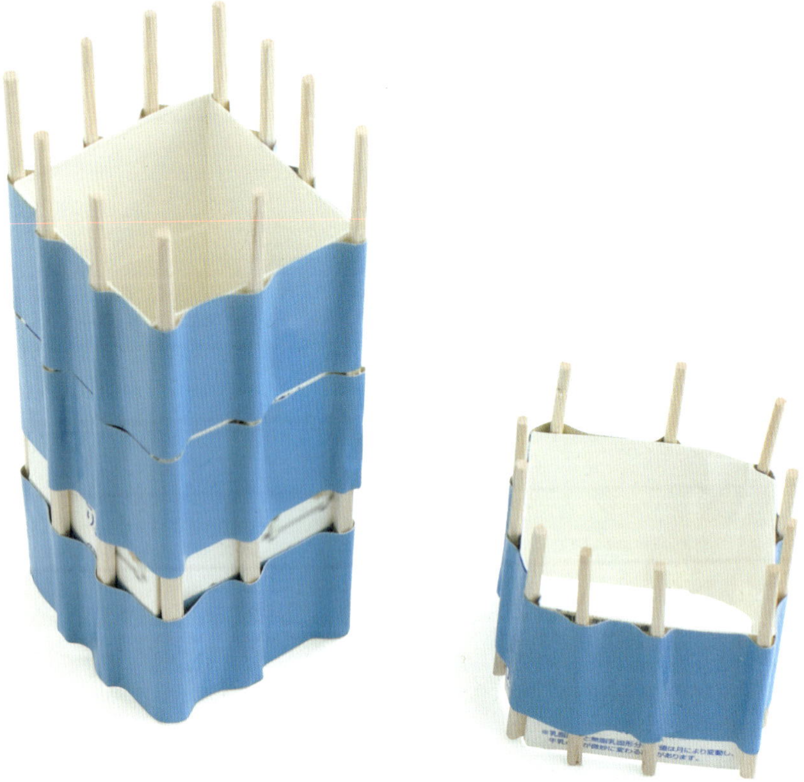

4・5歳〜

割りばし編み機

牛乳パックと割りばしで作る編み機は、
割りばしの本数で、編み目の大きさを調節できるよ。

用意するもの

牛乳パック(編み機1台に1本)/割りばし(編み機1台に5〜6本)
カッターナイフ/セロハンテープ/クラフトテープ
★割りばしは割って使用します。

作りかた

1 牛乳パックの上と底の部分をカッターナイフで切りとる。
★大人がやりましょう。

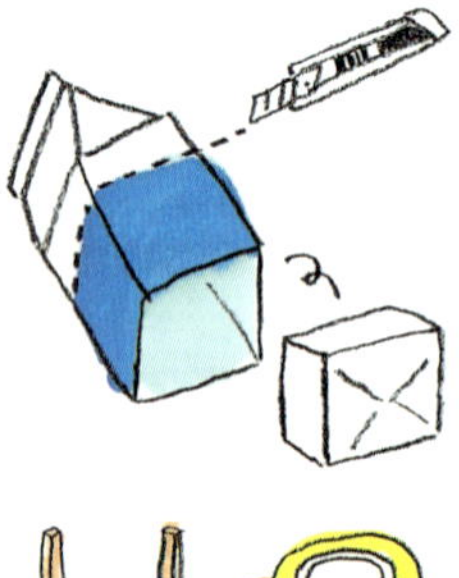

2 パックのまわりに割りばしをセロハンテープで仮どめし、クラフトテープではりつける。割りばしの本数は奇数でも偶数でもOK。

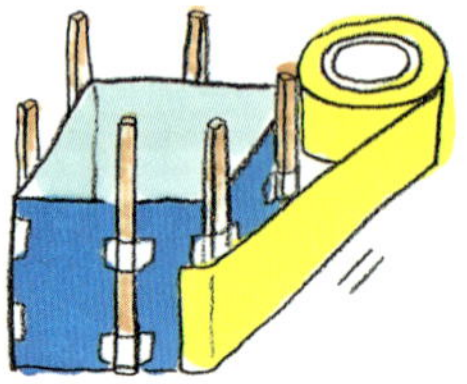

ポイント　編み目の大きさ
割りばしの本数が多いほど、編み目が細かくなります。好みの編み目になるよう、本数を調節してもいいですね。

アレンジ

空き箱や段ボールなど、大きな箱を使って作ることもできます。作りかたは同じです。段ボールと裂き布などを使って、大きなリリアン編みを作るのも楽しいですよ。

大人

牛乳パック編み機

基本編 6ピッチ

かんむりみたいな形をした編み機。
牛乳パックだけで作れるから、とってもエコ!

*この編み機は大人が作ります。

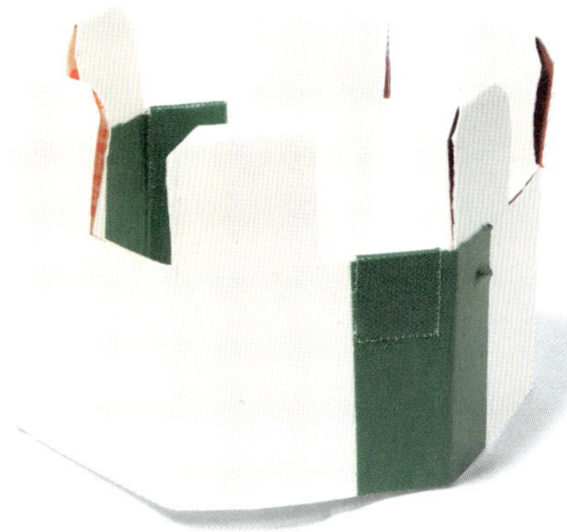

用意するもの

牛乳パック(編み機1台に1～2本)
はさみ/クラフトテープ
定規/ボールペン

作りかた

1 牛乳パック2本をはさみで
切りひらき、Aと底の部分を切りとる。

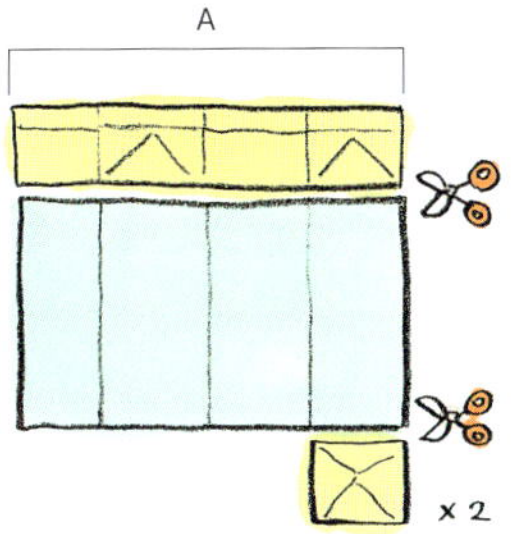

2 2本とも中央で山折りにし、
上から3.5cmのところに線を引く。

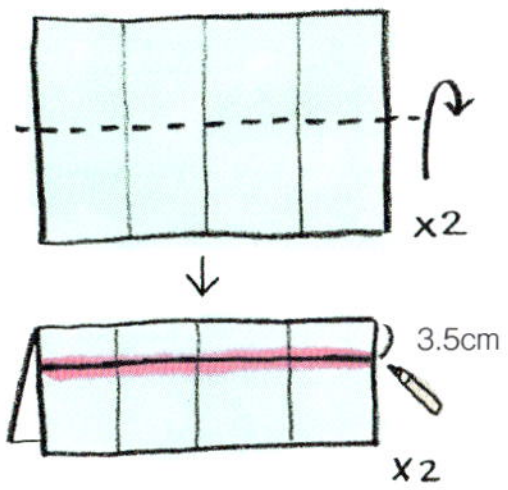

3 パックの縦の折り目の
半分(幅3.5cm)に線を引く。

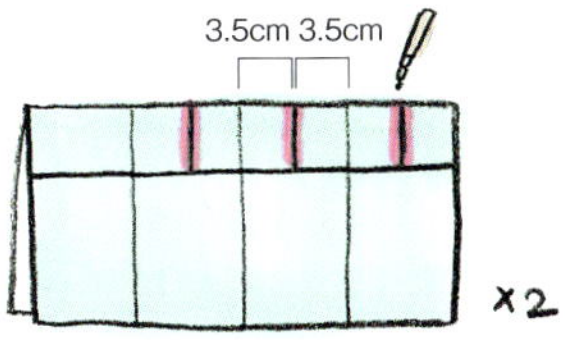

4 Bの部分を切りとる。

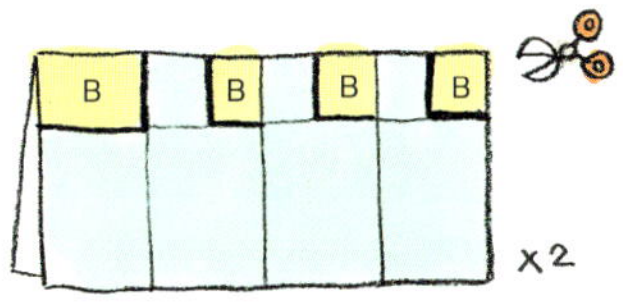

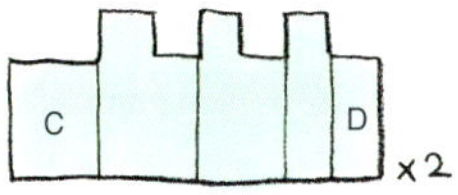

5 2本をつなぐように、
CをDにはさみ込み、
クラフトテープでとめる。

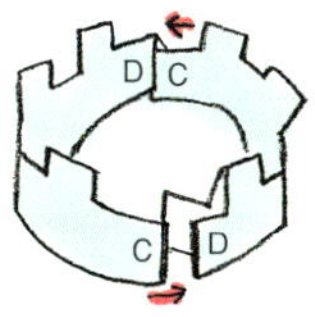

6 柱の両角を切り落とす。

左は4ピッチ&変わり毛糸で編んだもの、右は8ピッチ&極太毛糸で編んだもの。編み機のピッチや毛糸の種類、太さをかえるだけで、まったく雰囲気の違った作品ができるよ。

大人

バリエーション

牛乳パック編み機

4ピッチ&8ピッチ

超極太の毛糸でざっくり編むのがかわいい4ピッチと、細かい目で編める8ピッチ。
編み機の柱の本数で、編み目の大きさを調節できるよ。

用意するもの

基本編の6ピッチと同じ。

4ピッチ

作りかた

1 牛乳パック1本をはさみで切りひらき、半分に切る。
★パックの上と底の部分を切りとります。

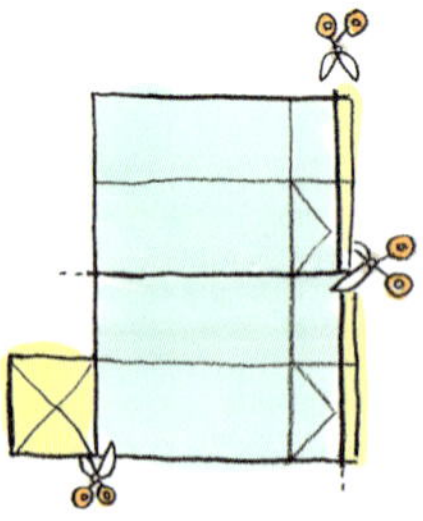

2 中央で山折りにし、縦半分（上から3.5cm）のところに線を引く。

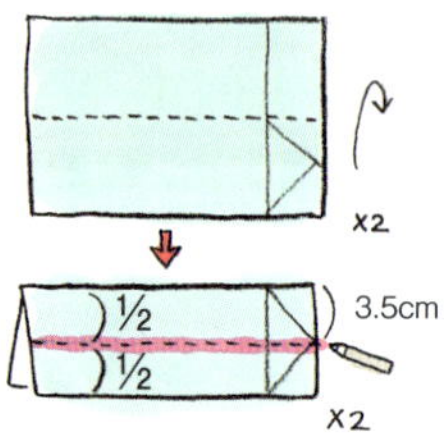

3 パックの側面部分を4等分し、縦に線を引く。

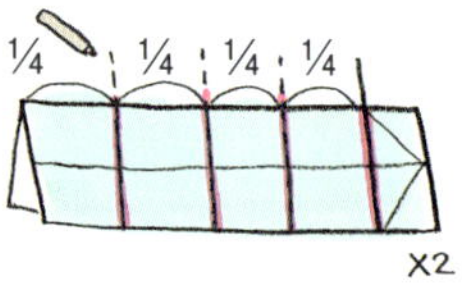

4 Aの部分を切りとる。

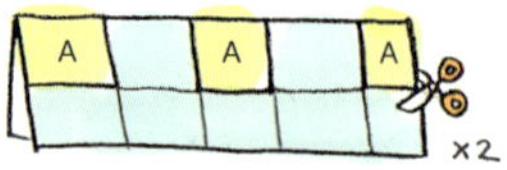

5 2本をつなぐように、BにCをはさみ込み、クラフトテープでとめる。
★柱の両角は、すべて切り落としましょう。

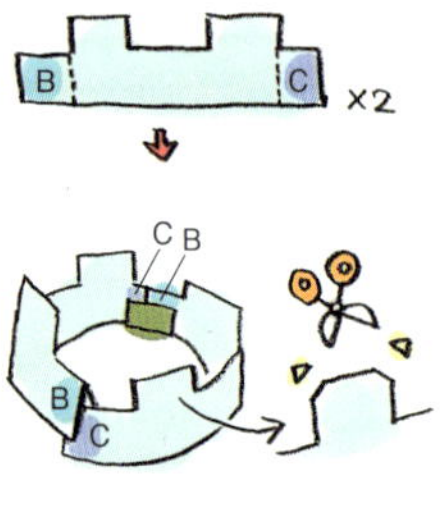

8ピッチの作りかたは、4ピッチの③の4等分を8等分にし、④の右端Aとそれ以外を互い違いに切りとります。
あとの作りかたは4ピッチとすべて同じです。

4・5歳〜

編み機で リリアン編みにチャレンジ!

かんたんなのに、ちょっと本格的な編み物が楽しめちゃう!

用意するもの

毛糸／編み機／はさみ／セロハンテープ／毛糸用とじ針　★編み機は、割りばし編み機でも牛乳パック編み機でもOK。編みかたはどちらも同じです。

編みかた

1

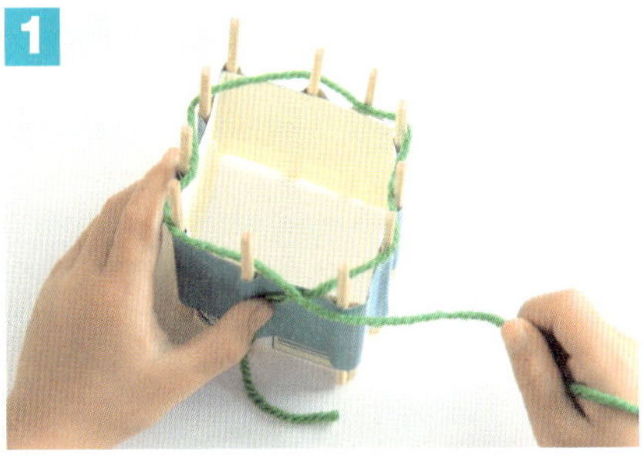

毛糸の端を牛乳パックの外側にセロハンテープでとめ、毛糸を割りばしの内側→外側→内側→外側……と交互にかけていく。

2

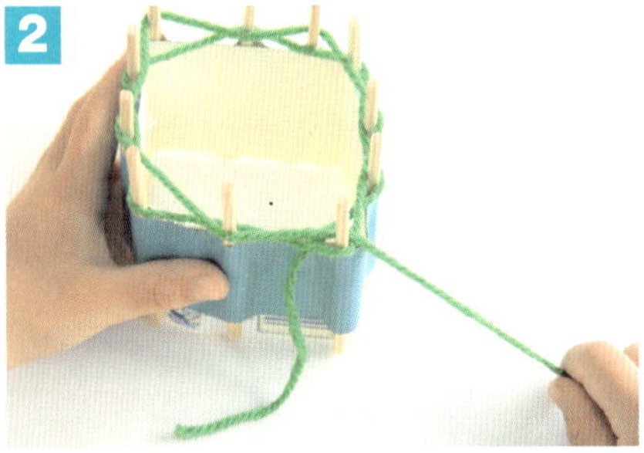

1周したら、2周目は毛糸を割りばしの外側→内側→外側→内側……と交互にかけていく。

★2周目が終わった時点で、割りばしの内側と外側に毛糸がかかっているか確認しましょう。

3

3周目は、毛糸を割りばしの外側にまわしかけて、割りばしにかかっている毛糸を引っ張って割りばしにかけていく。

★3周目の毛糸をはさむようにして、割りばしにかけます。

3周目以降はわかりやすいように、毛糸の色をかえています。

4

4周目も同様に、毛糸を割りばしの外側にまわしかけて、3周目の毛糸を引っ張って割りばしにかけていく。これを繰り返す。

5

好きな長さまで編めたら毛糸を30cmくらい残して切り、毛糸の端をひと目ずつ通して、毛糸を割りばしからはずしていく。

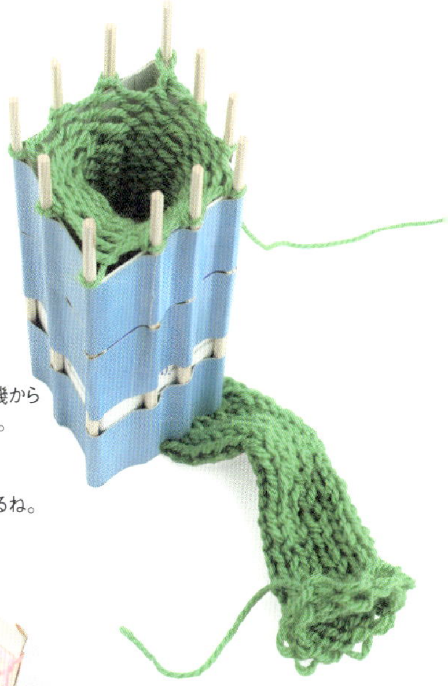

長く編んでいくと、こんなふうに編めた分が編み機からのびてきて楽しい。編んでいることを実感できるから、やる気もわいてくるね。

6

毛糸を編み機からはずしたら、端の毛糸を引きしぼる。引きしぼらずに、毛糸用とじ針で編み目にくぐらせてもよい。編み始めはそのまま毛糸を引きしぼるだけでOK 。

★両端の毛糸は短く切らずに、本体の編み目にからませておきます。

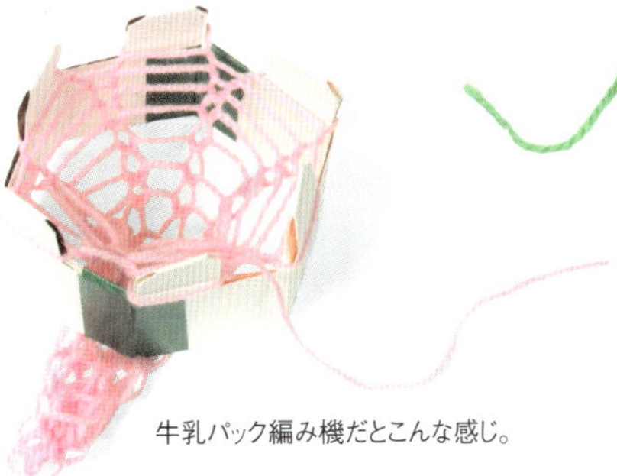

牛乳パック編み機だとこんな感じ。

4・5歳〜

編み機で作る
いろいろマフラー

用意するもの

毛糸／編み機／はさみ／段ボール（ポンポン用）

作りかた

1 編み機を使ってリリアン編みをして、マフラーの長さになるまで編む。

2 両端の毛糸を引きしぼって、ポンポンをつけたらできあがり。ポンポンのかわりにフリンジをつけてもかわいい。フリンジは、両端の毛糸を引きしぼらず、編み目の穴に毛糸の束を結びつける（ポンポンの作りかたは30ページを参照、フリンジは36ページのふさふさ人形を参考に）。

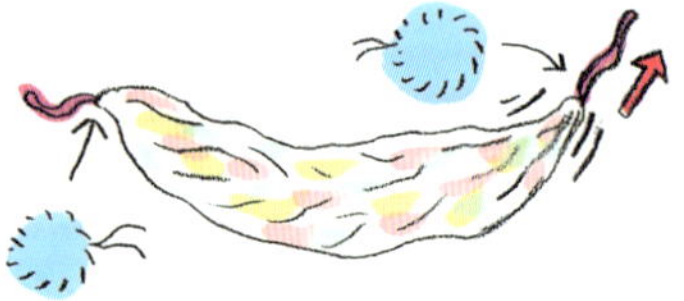

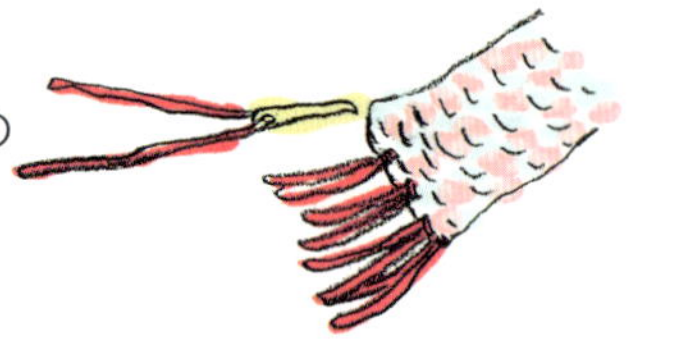

4・5
歳〜

リリアン編みぼうし

マフラーの次はぼうしにチャレンジ。編みかたは同じだよ。
手作りのあったかアイテムで、寒い冬もへっちゃら!

用意するもの

毛糸／編み機（空き箱を使った
大きめの割りばし編み機がおすすめ）
はさみ／段ボール（ポンポン用）
毛糸用とじ針

作りかた

1 編み機を使ってリリアン編みをして、
ぼうしの長さになるまで編む。

2 編み始めの毛糸を引きしぼり、
編み終わりは毛糸を編み目に通して
引きしぼらずに柱からはずす。

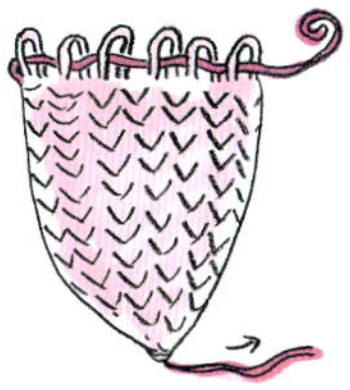

3 編み目に通した毛糸を
毛糸用とじ針で本体にくぐらせたら
できあがり。
★しぼった方の先にポンポンをつけると
かわいいですね（ポンポンの作りかたは
30ページを参照）。

ポイント　ゆったり編む
割りばしの本数を多めに使った編み機で、
毛糸を引っ張りすぎずゆったり編むのが
ポイントです。毛糸は太めのものがおすすめ。

毛糸で織ろう

段ボールの織り機を
使った毛糸織り。
縦糸と横糸、織り重なって
なにができるかな。

4・5歳〜

段ボール織り

コースターとポシェット

ポシェットの肩にかけるひもは、三つ編みにした毛糸を使ってもかわいい。

コースター

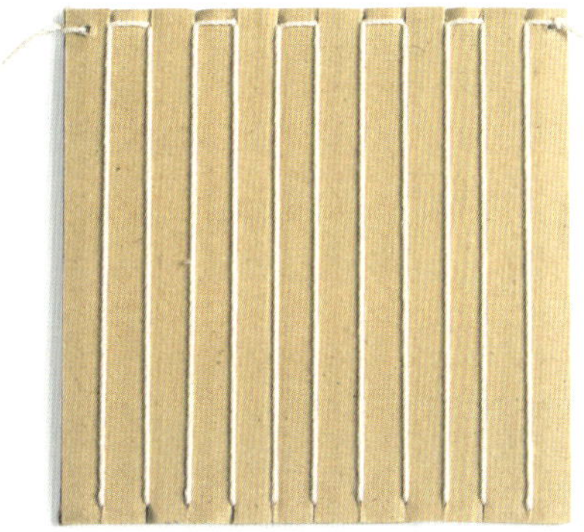

上はコースター用の織り機、
下はポシェット用の織り機。

用意するもの

毛糸／段ボール（作るものよりひと回り大きめ、
コースターで12×12cmくらい）
たこ糸（250cmくらい）／はさみ／カッターナイフ／目打ち
毛糸用とじ針（先がななめになっているものがおすすめ）
★毛糸は極太がおすすめです。

大人がやっておくこと

段ボール織り機を作る。
① 段ボールの上下に1cm間隔で
切り込みを入れ、対角の端に
1か所ずつ目打ちで穴をあける。

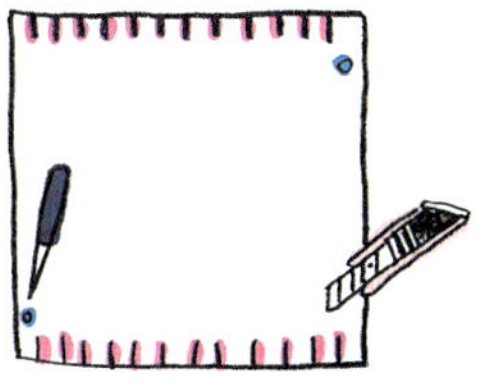

② 上の穴にたこ糸を通して結び、
上下の切り込みにたこ糸を
引っかけながら巻きつける。
最後はもう一方の穴に
たこ糸を通して結びつける。

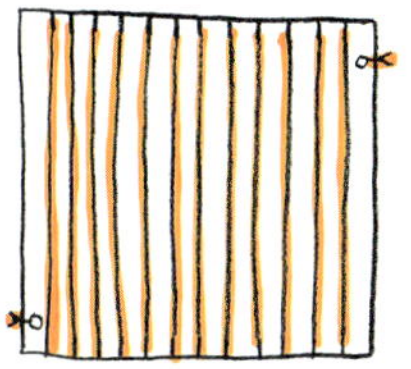

作りかた

1 毛糸（60〜80cmくらい）を
毛糸用とじ針に通し、
織り機の縦糸（たこ糸）の
上、下、上、下……と
交互にくぐらせて織る。
★織り始めの毛糸の端は、
1段目と2段目の間に
はさみ込むようにして織っていきます。

ポイント　毛糸を引っ張りすぎない
織るときに、毛糸を引っ張りすぎると
毛糸がつれてしまうので注意しましょう。

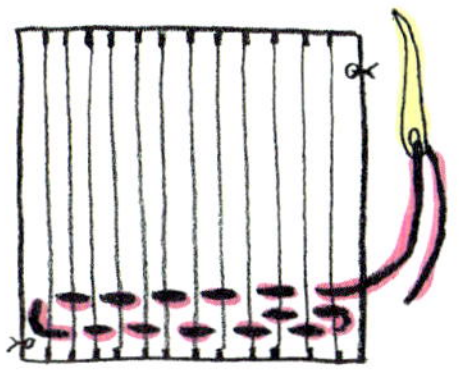

2 毛糸が短くなってきたら、
次の毛糸を結び足して
織っていく。しばらく織ったら、
織れた分を下に詰めていく。
★毛糸の結び目は後ろに
隠せるので、気にせず
織っていきましょう。

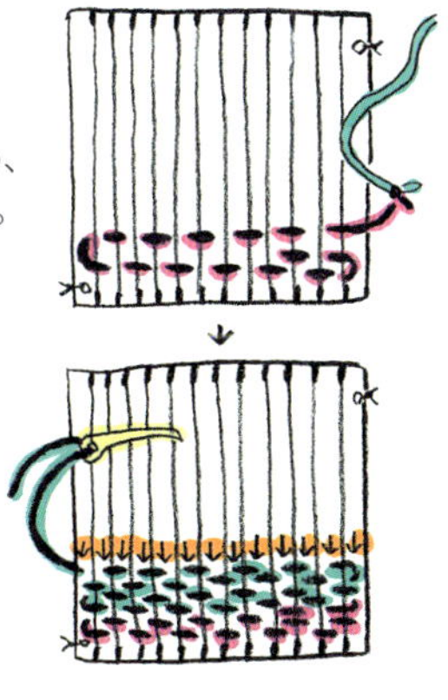

3 最後まで織れたら、毛糸の端を
一番上の段と2段目の間に
はさみ込んで織り、真ん中ぐらい
まで織れたら毛糸を切る。

4 織り終わったら段ボールを裏返し、
たこ糸を真ん中で切って
段ボールをはずす。
たこ糸がほどけないように
両隣のたこ糸を結び、
切りそろえたらできあがり。

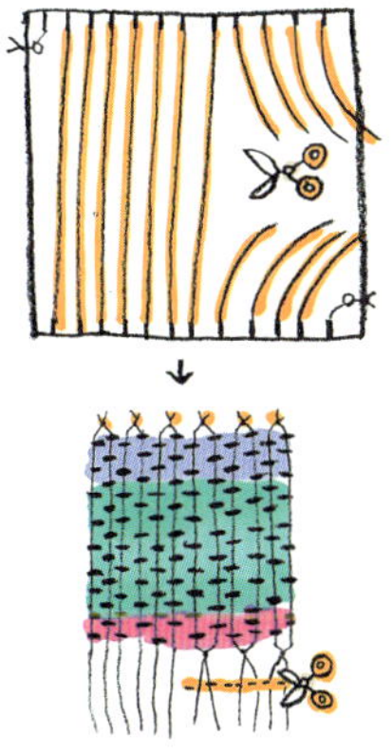

ポシェット

用意するもの

コースターと同じ＋ひも（毛糸）／ひも通し（毛糸用とじ針）

大人がやっておくこと

段ボール織り機を作る。
① 段ボールの上下に
1cm間隔で切り込みを入れ、
上の左右の端に1か所ずつ
目打ちで穴をあける。

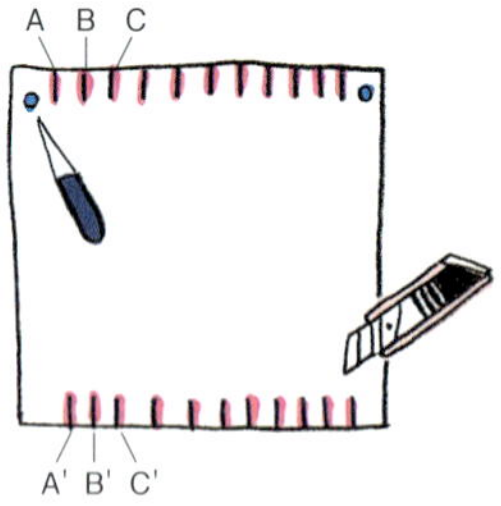

② 一方の穴に
たこ糸を通して結び、
裏からAに引っかけて、
A→表を通ってA'→
裏を通ってA→
表から隣のB

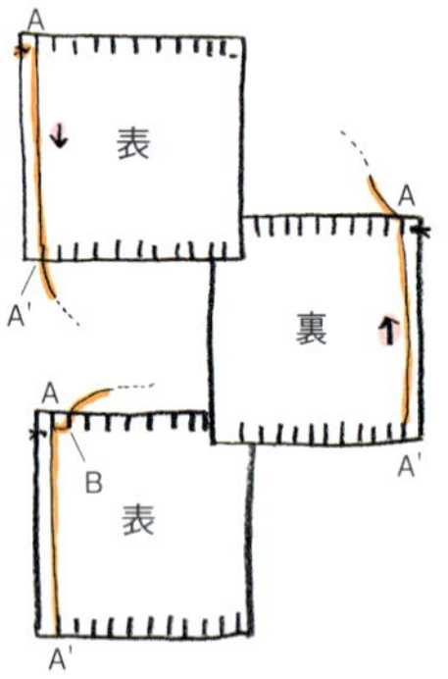

B→裏を通ってB'→
表を通ってB→
裏から隣のC

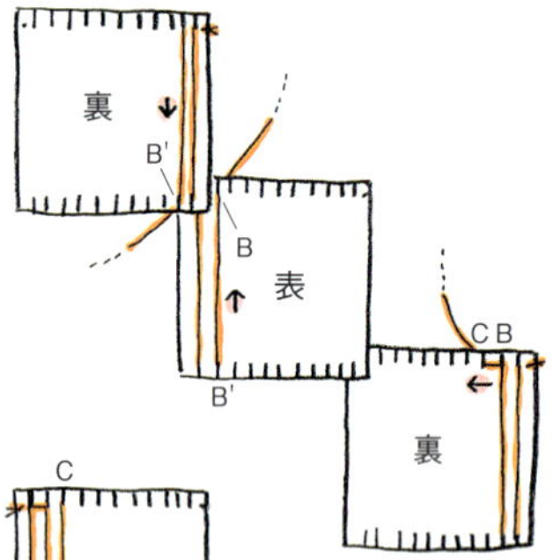

C→表を通ってC'→
裏を通ってC→
表から隣のD

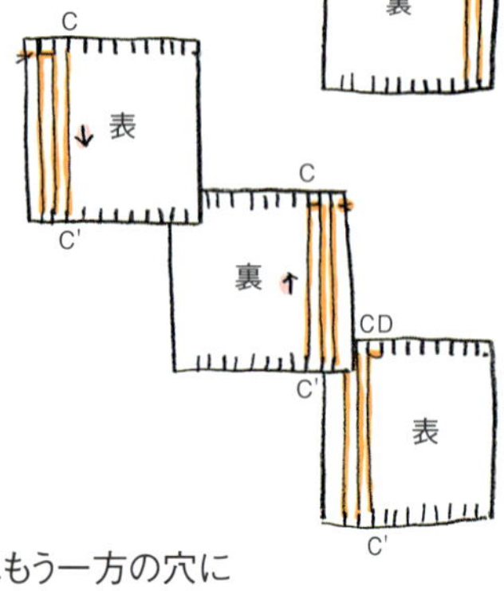

これを繰り返して、最後にもう一方の穴に
たこ糸を通して結ぶ。ポシェット用の織り機は、
上側だけ横糸がある形になる（61ページの写真を参考に）。

作りかた

1 毛糸（60～80cmくらい）を毛糸用とじ針に通し、
織り機の縦糸（たこ糸）の上、下、上、下……と
交互にくぐらせて織る。ポシェットは、表面を織ったら
裏面も織ってからまた表面を織るというように、
段ボールに巻きつけるように両面を織っていく。

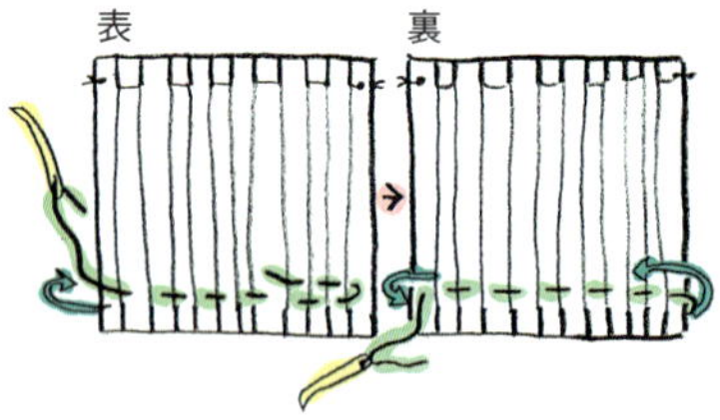

2 最後まで織れたら、毛糸の端を一番上の段と2段目の間に
はさみ込んで織り、真ん中ぐらいまで織れたら毛糸を切る。

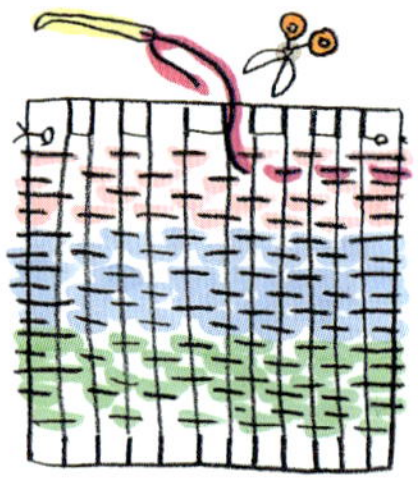

3 織り終わったら、まず段ボールの上側に横にかけてある
たこ糸を裏→表→裏→表……の順にすべてはずす。
次に、下側のたこ糸をすべてはずして段ボールを抜きとる。
両端の穴に通していたたこ糸は、
一番近いたこ糸に結びつける。

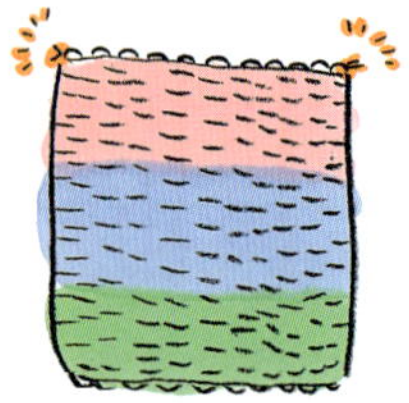

4 ひも（毛糸）をひも通し（毛糸用とじ針）に通し、
ポシェットの両脇の編み目に通して、
下側で結びとめたらできあがり。

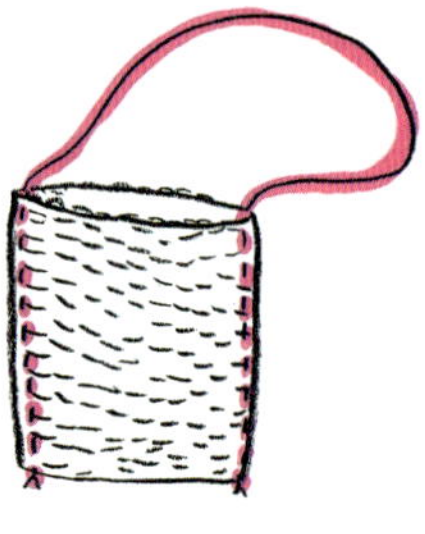

4・5歳〜

異素材アレンジ

モール織り

カラフルなモールを使った、異素材アレンジ。
モールは自由に変形できるから、いろいろな形が作れて楽しいよ。

用意するもの

毛糸／モール（6本くらい）／はさみ

大人がやっておくこと

モールで骨組みを作る。
① 1本のモールの真ん中に、
別のモールを引っかけて交差させる。

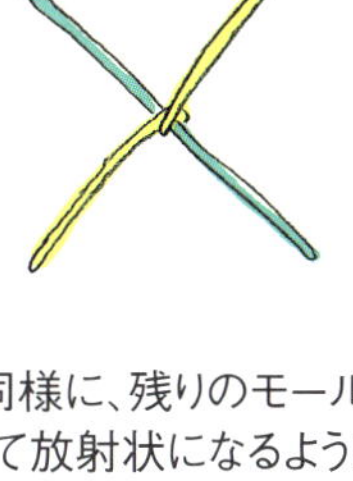

② ①と同様に、残りのモールも
引っかけて放射状になるようにする。

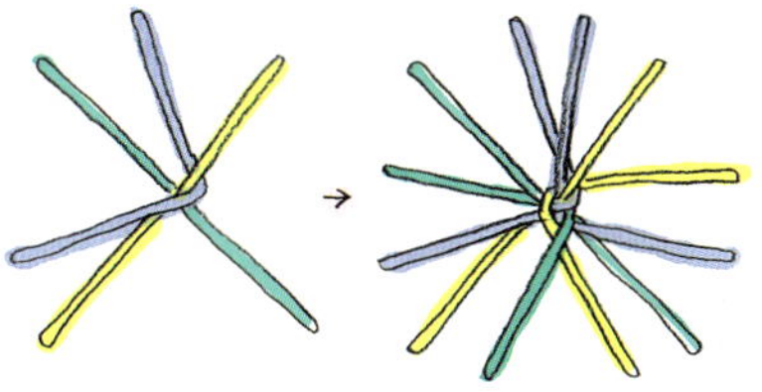

作りかた

コースター

1 1本のモールの端に毛糸を結びつけ、
上、下、上、下……と交互にくぐらせて織る。
★毛糸を結びつけたモールもいっしょに織っていきます。

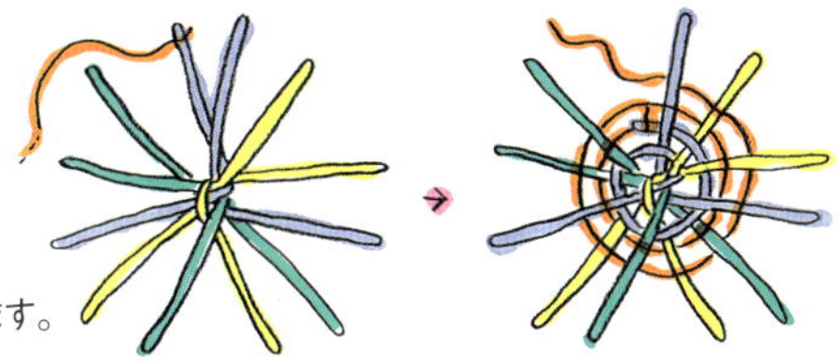

小物入れ

1 まずモール2本を1本にまとめ、毛糸をモールに
結びつけて、骨組みの中心から織っていく。
★コースターと同様、毛糸をモールの
上、下、上、下……と交互にくぐらせて、
毛糸を引っ張り上げながら織っていきます。

ポイント　仕上がりの形とモールの本数
円筒形にしたい場合、モールの本数が
奇数でなければ作れません。
モール2本をまとめて1本にするなどして、
奇数にしましょう。

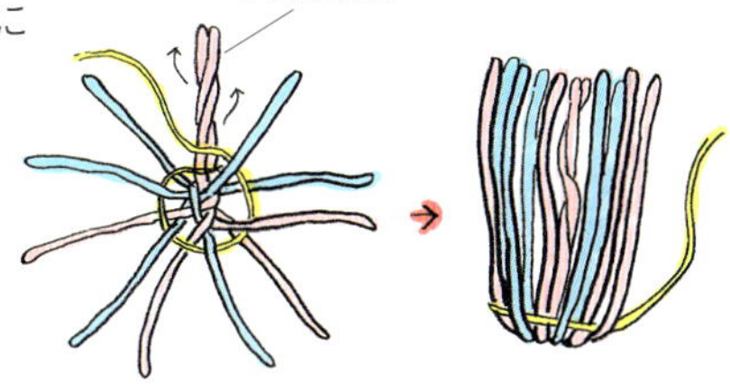

2 モールの端を3cmくらい残して織り終える。
織り終わりの毛糸の端は、モールに結びとめる。
★モールの端は、えんぴつなどに巻きつけると、
くるんと丸まってかわいい！

毛糸を染めてみよう

真っ白な毛糸を
染料で染めてみよう。
台所から出た野菜の皮も
染料になるよ。

4·5
歳～

染料染め

用意するもの

白い毛糸／染料（赤・青・黄色など）
はさみ／ビニールテープ／カラーペン（油性）
割りばし／バケツ（多めに）
大きいバケツまたはベビーバス

大人がやっておくこと

毛糸とビニールテープで
子どもの名札を作る。

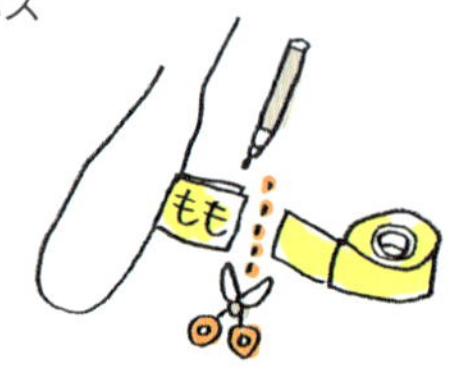

水洗い用の大きいバケツ
（またはベビーバス）に水を入れておく。

バケツにお湯を入れ、それぞれの
染料を別々に溶く（4人くらいで
1個のバケツを使えるとよい）。

水で染められる染料もあります。
いろいろな色の染料が販売されているので、
多色染めにしてもいいですね。

染めかた

1 白い毛糸玉をほどいて、
いすの背などに巻く。
巻き終えたらいすからはずし、
2か所をゆるくしばって
名札をつける。

2 毛糸を好きな色の
染料のバケツにつける。

ポイント　染める範囲
毛糸全体を1色に染める場合は、
バケツに毛糸全体を沈めます。
一部分を染める場合は、
毛糸を手で持ったりつるしたりして、
一部分だけつかるようにします。

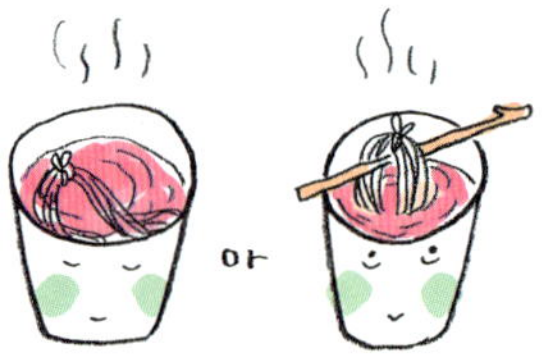

3 15～20分つけたらバケツから
とり出し、水の入ったバケツで
軽く揺するようにして水洗いする。
★強くこすってしまうと毛糸がけばだって
しまうので注意しましょう。
毛糸をとり出すときは割りばしを使います。
2色をかけ合わせる場合は、
②～③を繰り返しましょう。

4 水洗いした毛糸を軽くしぼって干す。

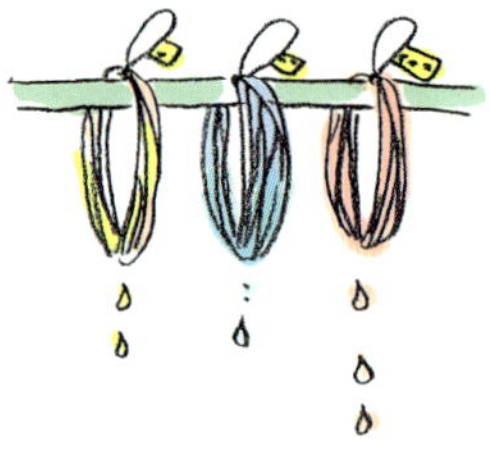

4・5歳〜

たまねぎ染め

たまねぎ染めをした毛糸で編んだマフラー。やさしい自然の色だね。

用意するもの

白い毛糸(毛100%のもの)
たまねぎの皮(外側の茶色い
薄皮を乾かしたもの、
毛糸と同じくらいの重さ)／はさみ
ビニールテープ／カラーペン(油性)
焼きみょうばん／割りばし
大きいなべ(ほうろうまたはアルミ)
ざる／バケツまたは大きいボウル2個
大きいバケツまたはベビーバス

大人がやっておくこと

毛糸につける子どもの名札を用意する。

水洗い用の大きいバケツ
(またはベビーバス)に水を入れておく。

バケツまたはボウルにぬるま湯を入れ、
お湯1Lに対して焼きみょうばん40gを
溶かしてみょうばん液を作る。

別のバケツまたはボウルにぬるま湯を入れておく。

なべに水とたまねぎの皮を入れ、
30分ほど煮沸し、ざるにあけてこして
染液を作る(80℃くらいで保温)。

染めかた

1 白い毛糸玉をほどいて、
いすの背などに巻く。
巻き終えたらいすからはずし、
2か所をゆるくしばって
名札をつける。

2 毛糸をいったんぬるま湯につけ、
しぼらずにそのままみょうばん液に
10分くらいつける。

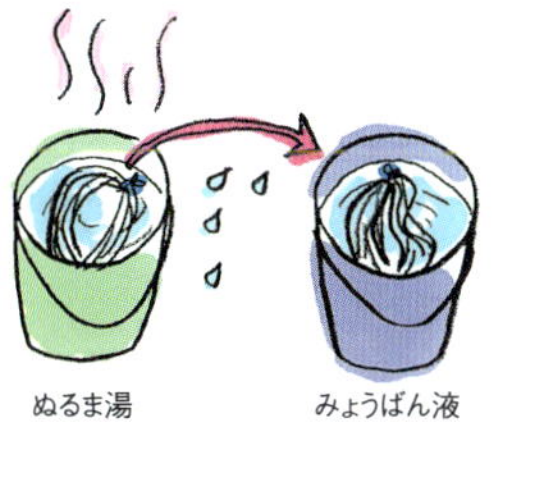

3 毛糸をとり出して軽く水洗いし、
染液に20分くらいつける。

4 毛糸をとり出して軽く水洗いし、
しぼって干す。

column 2

じっくり毛糸と仲よくなろう

環境づくりのポイント

蝶間林裕美　永田好子

★毛糸あそびのコーナーづくり

「作り物をするときは、それだけに集中したいな」

「確かに」

「集中できる場所って用意しにくいかな?」

「テーブル1つ、マット1枚置くだけで十分。広くなければいけないってものでもないんだよ」

「そっかー。そうかも」

「コーナースペースは毎日決まった場所にしておくと、子どもたちに定着していくし、入っていきやすいと思うな」

★すっきり片づけ術

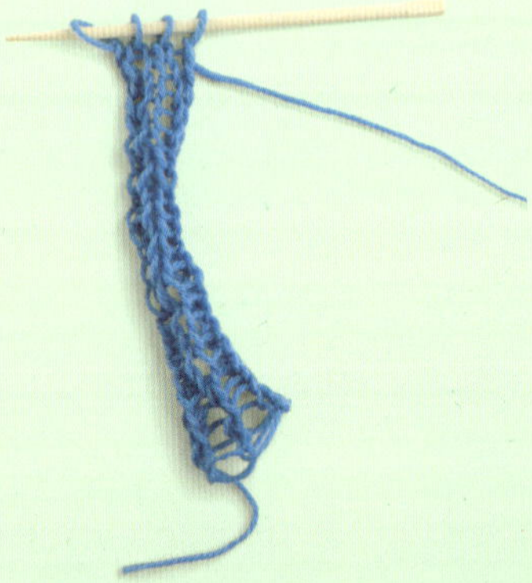

「ねえねえ、指編みしている途中でトイレに行きたくなったらどうしよう? 指からはずすと編み目がほどけちゃうよ」

「ふふ、心配ご無用。そういうときには、はずした編み目に割りばしをさしておくんだよ。割りばしに名前を書いておけば、どれが誰のかも一目りょう然だよ」

「そんな方法があるとは、知らなかった……」

「子どもたちの編みかけをきちんとまとめておくいい方法は知ってる?」

「えーっと、どうやるんだっけ?」

「牛乳パックにめいめい入れて、大きな箱に入れておくと重なり合わないし、見た目もすっきりするんだよ」

「あったまいい!」

「割りばしに書いた名前が見えるようにしておくのがポイントかな」

chapter 3

羊毛であそぼう

ヒツジさんの毛、羊毛は毛糸のもと。
手のひらでころころ丸めてもいいし、
フェルト化するのも楽しい。
ふわふわ羊毛で、さあ、なにしてあそぶ?

羊毛であそぼう

ふわふわの羊毛は
わたあめみたい。
色とりどりの
羊毛を使ってあそぼう。

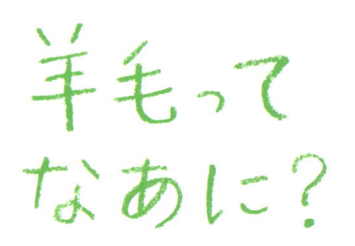

羊毛ってなあに？

羊毛とは、文字どおり「ヒツジの毛」のこと。
羊毛を引っ張りながらねじっていくと、
細かい繊維がつながって、
おなじみの毛糸ができあがります。
あそびの前に「これはヒツジさんの毛だよ、
毛糸のもとだよ」と
言葉かけをするのもいいですね。

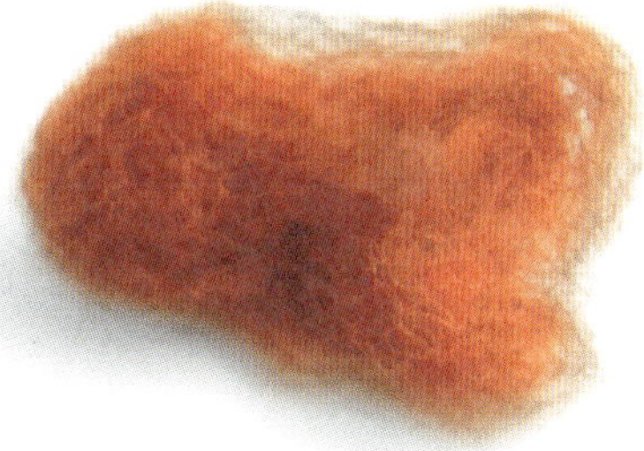

羊毛はどうして固まるの？

羊毛には、「熱・アルカリ・摩擦」の3つを加えるとフェルト化して固まるという性質があります。羊毛の表面には、人間の髪の毛と同じ「キューティクル」があり、このキューティクルがからみ合うことでフェルト化が起こるのです。

基本の作りかた

羊毛をフェルト化しよう

羊毛をフェルト化するには、いくつかのポイントがあります。まず、羊毛を手で薄く広げて、なるべく均等な厚さに重ねること。お湯と洗剤をかけると羊毛は縮むので、いろいろな方向からなん層もたっぷり重ねるようにしましょう。

次に、お湯に洗剤を混ぜた洗剤液を羊毛全体にかけるのですが、勢いよくかけると羊毛が動いて厚みの差が生まれるため、じょうろなどを使って分散させ、静かにまわしかけましょう。

※洗剤はアルカリ性のものがもっともフェルト化に適しているのですが、本書では手にやさしい中性の洗剤を使用しています（中性洗剤を使用することでフェルト化のスピードはなだらかになりますが、フェルト化自体には問題ありません）。

洗剤液をかけたら、手でごしごしこすります。羊毛が固まってフェルト化してきたら、水でよくすすいでタオルで水分をとり、乾かしたらできあがりです。

わたしの
ふわふわの羽
カラフルで
きれいでしょ!

ぼくも
ふわふわ!
さわってみて!

3歳～

ふわふわ ペープサート

ふわっふわのペープサートに、
子どもたちの視線もくぎづけ!

用意するもの

羊毛／段ボール／割りばし／フェルト
モール／はさみ／木工用接着剤
布粘着テープ／筆／カラーペン

大人がやっておくこと

段ボールを動物や虫などの形に切っておく。
子どもがかいた形を切ってあげてもよい。

作りかた

1 段ボールに顔をかく。
★フェルトやモールをつける場合は、ここではりつけましょう。

2 接着剤をつける。
★接着剤は水でのばし、筆を使ってぬりましょう。

3 羊毛をはりつける。

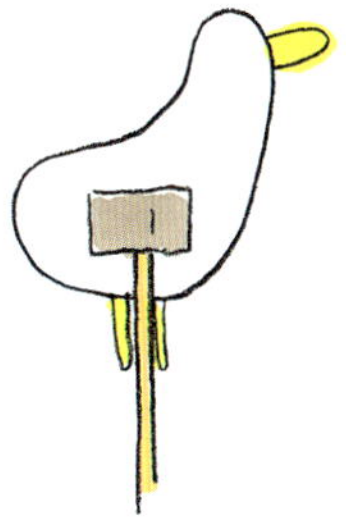

4 段ボールの裏面に、布粘着テープで割りばしをはりつける。

羊毛は色のバリエーションも豊富。いろんな形を作って、飾りつけてみてね!

3歳〜

羊毛と毛糸で
お店やさんごっこ

いらっしゃいませ！ のり巻きやおだんご、
おいしそうにできたよ。

用意するもの

羊毛／毛糸／フェルト／竹ぐし／はさみ／目打ち／木工用接着剤
中性洗剤／バット／ボウル／じょうろ／タオル／箱や紙皿など

作りかた

のり巻き

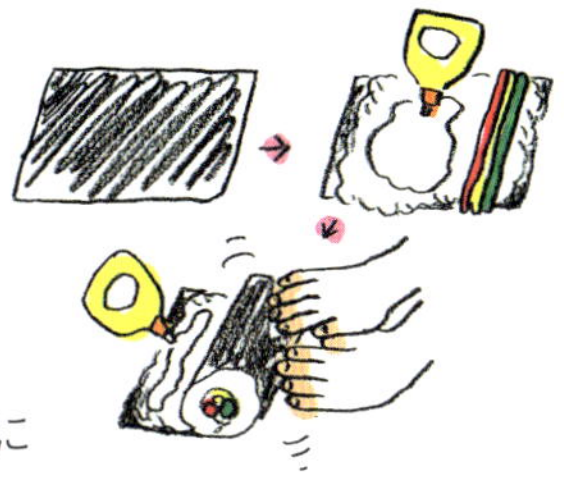

1 黒いフェルトに接着剤をぬって
白い羊毛をはりつける。
その上に赤や緑の羊毛を
細くよったものやフェルトを短冊状に
切ったものを具に見立てて置き、
端から巻いて接着剤でとめる。

2 接着剤が乾いたら、はさみで切る。

たまごやき

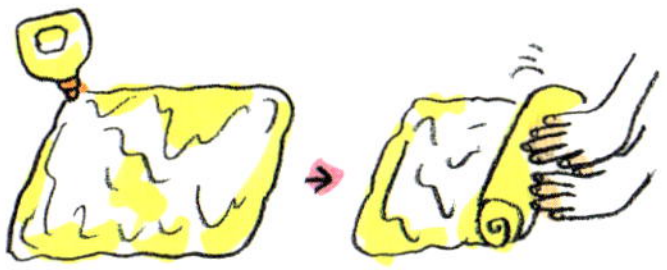

1 羊毛をシート状に固めたもの
（作りかたは77ページを参照）に
接着剤をぬり、ロール状に丸める。

2 接着剤が乾いたら、はさみで切る。

サンドイッチ

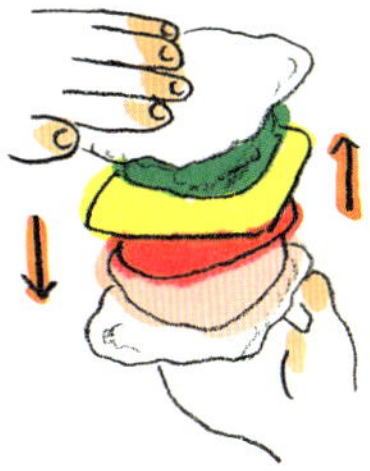

1 白い羊毛で、フェルトや赤、緑などの
羊毛をはさむ。
★羊毛はシート状に固めたもの
（作りかたは77ページを参照）を使います。

コロッケ

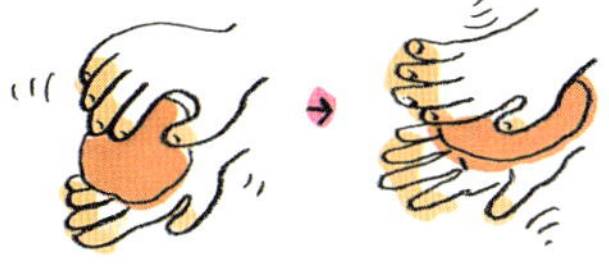

1 フェルトボールの作りかた（74～75ページ）を
参照して、少しやわらかめに作り、
手のひらでなでるようにして
平らにつぶしていく。
★エビフライも同様に作ります。

おだんご

1 フェルトボール（作りかたは
74ページを参照）の真ん中に
目打ちで穴をあけ、竹ぐしをさし込む。

4・5
歳〜

フェルトボール

コロコロかわいいフェルトボール。
いろんな色の組み合わせがきれいだね。

用意するもの

羊毛／中性洗剤（台所用洗剤・
おしゃれ着用洗剤などが該当）
バット／ボウル／タオル

大人がやっておくこと

ぬるま湯に中性洗剤を溶かして、
洗剤液を作っておく（ぬるま湯1Lに
対して、中性洗剤3〜4滴が目安）。

作りかた

1 薄くほぐした羊毛をボール状に巻き重ね、
手で丸めて形を整える。
★同じ方向から巻くのではなく、縦・横・ななめと
違う方向から、ふんわりと巻きましょう。

2 丸めた羊毛を洗剤液につけて、手で丸める。
★手のひらでコロコロ転がすようにして、固くなるまで丸めます。

3 固くなったら水でよくすすぎ、乾かしたらできあがり。

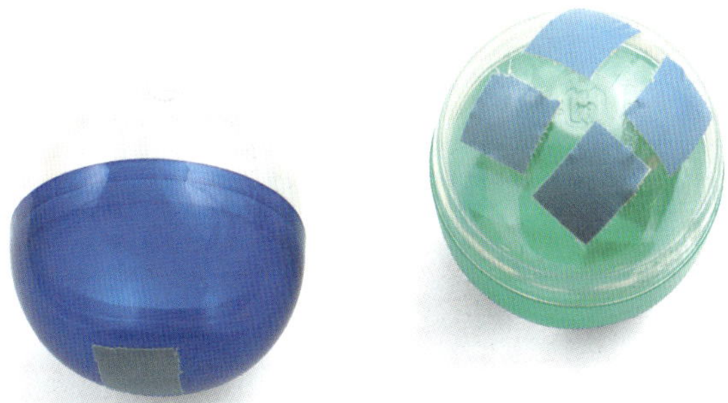

4・5歳〜

こんな作りかたもできるよ！

カプセル容器でフェルトボールを作ろう

用意するもの

フェルトボールと同じ＋カプセル容器／クラフトテープ

大人がやっておくこと

フェルトボールと同じ（洗剤液を作っておく）。

作りかた

1 薄くほぐした羊毛をボール状に巻き重ね、手で丸めて形を整える。
★同じ方向から巻くのではなく、縦・横・ななめと違う方向から巻きましょう。

2 カプセル容器の穴をクラフトテープでふさぎ、
丸めた羊毛と洗剤液を入れる。

3 容器のふたをして、シャカシャカと振る。

4 羊毛がボール状にまとまったら容器から出し、仕上げに手のひらで
丸めて形を整える。水でよくすすぎ、乾かしたらできあがり。

ポイント　タオルの上に置いて乾かす
すすぎ終わったフェルトボールは、軽くしぼって
タオルの上に置いて乾かすと早く乾きます。

用意するもの

フェルトボール（作りかたは74～75ページを参照）
細めのゴム／はさみ／目打ち／毛糸用とじ針

大人がやっておくこと

ゴムを通せるように、フェルトボールに
目打ちで穴をあけておく。

作りかた

ヘアゴム・リング・ネックレス

1 フェルトボールに
あけた穴にゴムを通す。
★ゴムは毛糸用とじ針を
使って穴に通します。

2 ゴムの両端を結ぶ。
★フェルトボールの
大きさや数、ゴムの長さは、
作りたいものによって
お好みで調節してください。

4・5
歳～

フェルトボールの
おしゃれアクセサリー

フェルトボールを使ったおしゃれアクセサリーを作ろう!
お店で売ってるようなできばえでしょ。

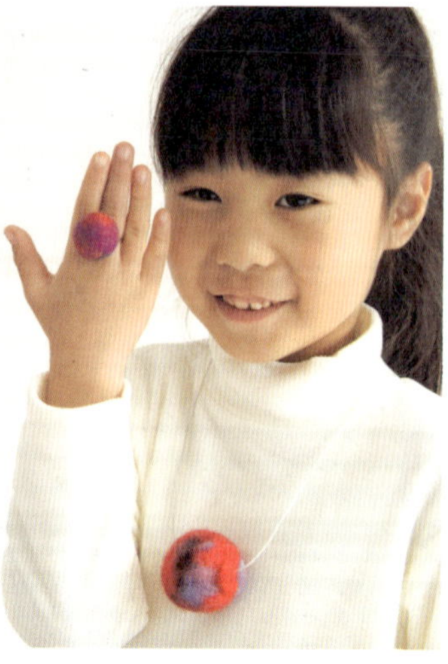

4・5
歳〜

コースター&ティーマット

羊毛を手でごしごしして、泡を洗い流すと……
ふわふわのときとはまったく違う、フェルトシートのできあがり!

用意するもの

羊毛/中性洗剤(台所用洗剤・おしゃれ着用洗剤などが該当)
バット/ボウル/じょうろ/タオル

大人がやっておくこと

ぬるま湯に中性洗剤を溶かして、洗剤液を作っておく
(ぬるま湯1Lに対して、中性洗剤3〜4滴が目安)。

作りかた

1 バットの上に薄くほぐした
羊毛を重ねて置いていく。
★好きな色や模様に重ねて置きます。
少なくとも4層以上は重ねましょう。

2 じょうろに洗剤液を入れ、
①がひたひたになるくらいかける。
羊毛の端を折り込んで、
形を整えながら指の腹で
ごしごしこする。

3 羊毛がなじんでシート状になったら、
水でよくすすぎ、軽くしぼって
タオルの上に置いて乾かす。

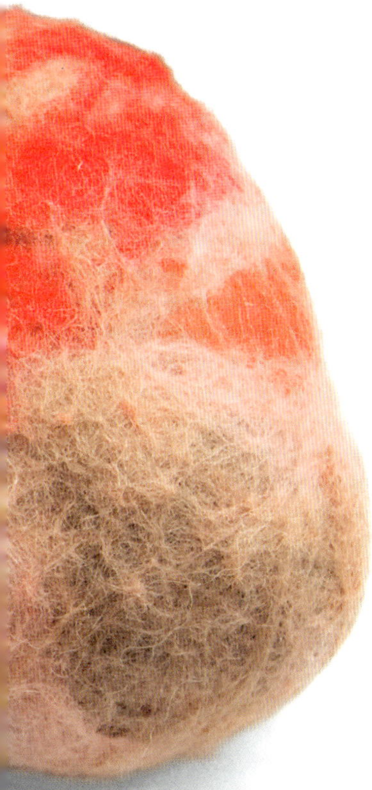

4・5
歳〜

石ころペーパーウエート

海や河原で拾った石ころが、カラフルなペーパーウエートに。
なんだか恐竜のたまごみたい!?

用意するもの

羊毛／石／中性洗剤（台所用洗剤・おしゃれ着用洗剤などが該当）
バット／ボウル／タオル
★石は丸くてすべすべしたものがおすすめです。

大人がやっておくこと

ぬるま湯に中性洗剤を溶かして、
洗剤液を作っておく（ぬるま湯1Lに対して、
中性洗剤3〜4滴が目安）。

作りかた

1 薄くほぐした羊毛で石をくるむ。
★縦・横・ななめの方向から、
石が見えなくなるように重ねてくるみます。
少なくとも4層以上は重ねましょう。

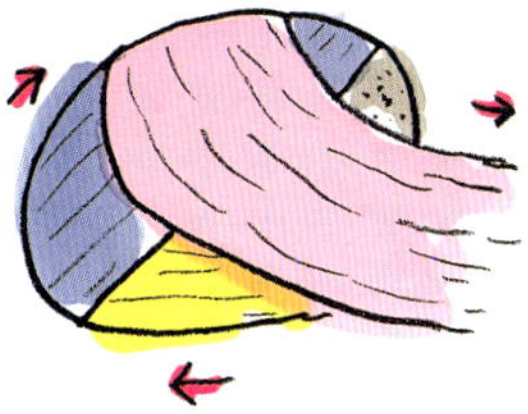

2 ボウルに洗剤液を入れて、
①をそっとひたして、手でやさしくなでて
羊毛をなじませる。

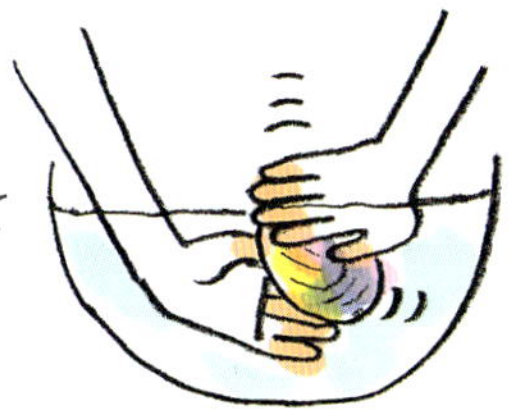

3 羊毛が石になじんだら、水で軽くすすぎ、水気をタオルで吸いとる。
別のタオルの上に置いて乾かしたらできあがり。

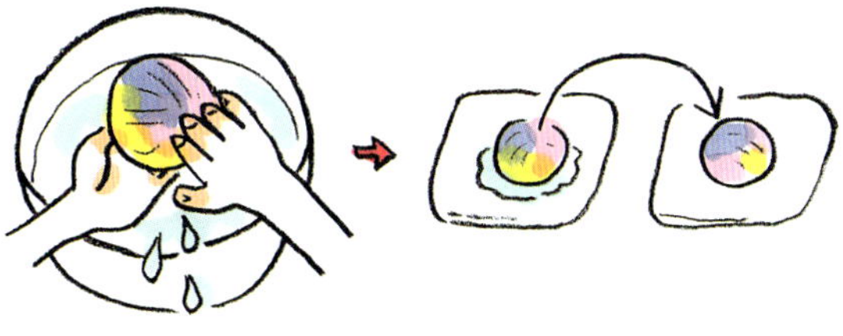

りんごの木
1982年に保育者仲間が集まって創設した、2歳半から就学前の子どもが通う“小さな幼稚園”。午後には小学生も加わって、造形、音楽、クッキング、あそびなどの各教室でにぎわっています。直接子どもとふれあう「子どもクラブ」、間接的に子どもとかかわる仕事をする「ワークショップ」、自分たちのメッセージ発信基地としての「出版部」の活動をあわせ、幅広く子ども文化に携わっています。
りんごの木ホームページアドレス
http://www.lares.dti.ne.jp/~ringo/

製作物アイデア・製作／りんごの木
（伊藤優子　岸 千鶴　齋藤雅美　蝶間林裕美　永田好子）

イラスト／ナガタヨシコ

ブックデザイン／野澤享子　寄主淳子（Permanent Yellow Orange）

撮影／安田仁志

モデル／関口遼太　物井陽苗（ジョビィ・キッズ）　りんごの木の子どもたち

本文校正／東京出版サービスセンター

編集担当／石山哲郎　平山滋子

毛糸で あそぼう

2009年8月　初版第1刷発行

著者　りんごの木　©Apple Tree 2009

発行人　浅香俊二

発行所　株式会社チャイルド本社
〒112-8512 東京都文京区小石川5-24-21
電話　03-3813-2141（営業）03-3813-9445（編集）
振替　00100-4-38410

印刷所　共同印刷株式会社

製本所　一色製本株式会社

ISBN／978-4-8054-0149-1 C2037
NDC376　25.7×21.0　80P

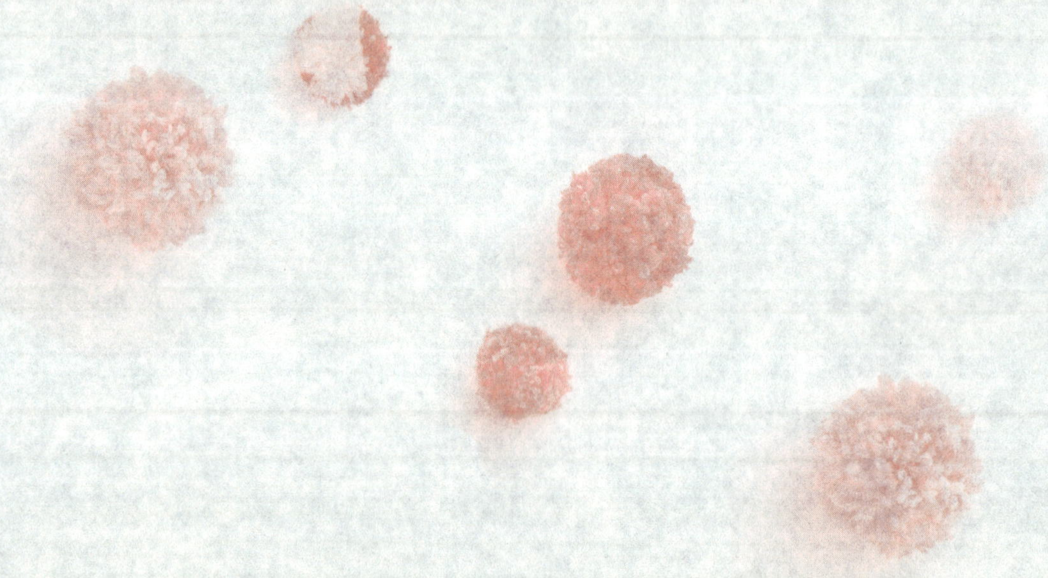